Andrea Martens

Das Leben hat das schönste Drehbuch

Andrea Martens

Das Leben hat das schönste Drehbuch

Rediroma-Verlag

Bibliografische Information der Deutschen Nationalbibliothek:
Die Deutsche Nationalbibliothek verzeichnet diese Publikation in der Deutschen Nationalbibliografie; detaillierte bibliografische Daten sind im Internet über http://dnb.ddb.de abrufbar.

ISBN 978-3-86870-838-7

Umschlagillustration: © virtua73/fotolia

www.rediroma-verlag.de
7,95 Euro(D)

Dieses Buch möchte ich zum einen meiner geliebten Mutter widmen, denn sie war beste Freundin, Ratgeberin, Zuhörerin und Inspiration pur! Sie trug ihr Herz sozusagen »auf der Zunge« und so sind viele amüsante Situationen entstanden, an denen ich die Leser gerne teilhaben lassen würde.

Des Weiteren möchte ich dieses Buch meinem langjährigen vertrauten Freund Alexander widmen, der immer für unsere Familie da war. Von ihm werden die Begriffe wie Hilfsbereitschaft, Empathie und Menschlichkeit jeden Tag auf's Neue mit Überzeugung gelebt!

Inhaltsverzeichnis

Portugiesische Verlobung zu »dritt«

Im Jahr 1984 buchten ich (damals 23 Jahre alt) und meine Mutter (damals 59 Jahre alt) einen gemeinsamen Urlaub in Montreux, der französischen Schweiz, für die Dauer von vier Wochen. Wir waren in einem wunderbaren Fünf-Sterne-Hotel direkt am Genfer See eingebucht und freuten uns auf einen Monat pure Erholung und schöne Eindrücke. Mutti hatte allerdings erholungstechnisch so ihre aus mütterlicher Sicht durchaus berechtigten Vorbehalte:

»Wenn die Männer da auch wie Hektor hinter den Cremeschnitten hinter dir her sind, dann muss ich wohl nach dem Urlaub erst einmal eine Kur antreten! Ganz wichtig: Nimm bloß regelmäßig die Pille, damit wir nicht zu dritt aus dem Urlaub zurückkommen!«

Tja, so etwas nennt man wohl »Präventiv-Beratung«....

Die Reise, die mit dem Zug immerhin zwölf Stunden dauerte, hatte uns überhaupt nicht gestresst. Im Gegensatz zu heutigen Zeiten begann der Urlaub damals wirklich schon im Zug: keine überfüllten Bahnhöfe und Züge, es gab sogar noch die Zugrestaurants mit den drolligen altmodisch anmutenden Lampen am Fenster, das war wirklich Urlaub von der allerersten Sekunde an!

Wir checkten um 21:30 Uhr in unserem Hotel ein und wurden sogleich noch zu einem Drei-Gänge-Menü ins Restaurant gebeten.

Die Hotelangestellten kamen sämtlich aus Südeuropa und waren absolute Wellness für die Augen!

Am nächsten Morgen beim Frühstücksbüfett begann das »Pupillengeknatter« schon mit dem portugiesischen Maître d'Hôtel, der sogleich – Originalton meiner Mutter – »die

Laufzeit« hatte und im Dreieinhalbminutentakt an unseren Tisch kam. Er war sehr groß und sehr schlank, hatte wunderschöne dunkelbraune gewellte Haare und sehr ansprechende dunkle Augen mit langen Wimpern – ein toller Auftakt!

Auch beim Abendessen war er sehr aufmerksam, geleitete uns galant an unseren Tisch und frage mich auf Französisch, wie lange ich denn bleiben würde. Angesichts unserer Aufenthaltsdauer von drei Wochen war er mehr als erfreut und meinte, es wäre zwar Hochsaison, aber er würde gerne mal mit mir ausgehen und mir Lausanne zeigen, das in der Nähe von Montreux liegt. Er würde mal versuchen, bei seinem Direktor einen freien Tag zu bekommen.

Mutti, der englischen Sprache gut mächtig, der französischen damals noch nicht, schaute etwas irritiert: »Na, was wird hier denn hinter meinem Rücken schon abgemacht? An seinen »Brustbonscheaugen« sehe ich, dass es nicht um etwas Dienstliches geht; der denkt wohl auch, Mütter sind total ab vom Kurs – vielleicht seine Mutter in Portugal, ich aber nicht!«

Wir trafen uns dann drei Tage später nach 22:30 Uhr, nachdem Antonio Feierabend hatte, und gingen an der Promenade des Genfer Sees entlang. Himmel, das war wirklich »Kitsch as Kitsch can«, es war so romantisch, die Lampions, die wie eine Perlenkette die Promenade säumten und sich im See spiegelten, diese laue Sommerluft, ein südländischer Mann mit ebensolchem Charme und Temperament – Hedwig Courts Maler hätte ihre helle Freude für eine Romanvorlage daran gehabt!Ich ging wie auf Watte und wollte diesen Abend am liebsten für immer und ewig festhalten!

Die Gefühle überschlugen sich, wir kamen bald zusammen und ich mochte gar nicht an das Ende des Urlaubs auch nur denken … Wir unternahmen viel zusammen, waren einmal in Gstaad, das andere Mal in Lausanne (ich war beeindruckt, dass er es überhaupt geschafft hatte, in der Hochsaison drei volle Tage frei zu bekommen ...).

Zwei Tage vor der Abreise – wir trafen uns wieder nachts am Genfer See – streifte er mir dann einen wunderschönen Ring mit einem funkelnden Smaragd über den Finger – ich fühlte mich wie die Hauptakteurin in einem Film, der hätte lauten können: »Verlobung am Fuße des Genfer Sees«.

Muttis Reaktion war köstlich, als ich ihr davon berichtete:

Antonio kam uns dann sehr bedrückt vor, als er sich auf seine Fahrt nach Portugal vorbereitete. Ich brauche sicher nicht zu erwähnen, dass unser Abschied schlicht herzzerreißend war, aber wir planten das erste Wiedersehen bereits Anfang Februar in Montreux!

Antonio rief nun kontinuierlich aus Portugal bei mir zu Hause an. Mutti wunderte sich noch, warum ich denn keine Telefonnummer von seiner portugiesischen Mama hätte (»Vielleicht ist das ja ein kleines Fischerdorf und die müssen immer zum Nachbarn laufen, um zu telefonieren ...«), aber beim Wundern blieb es auch.

Ende Januar kam heran und ich versuchte von mir aus, den mittlerweile in Montreux zurückgekehrten Antonio nun wieder über die Hotelrezeption zu erreichen, denn anders ging es ja damals nicht. Ich hatte leider immer Pech: Mal hatte er schon Feierabend, mal hatte er einen Tag frei – was war denn nur los … Warum meldete er sich denn nicht bei mir?

Nach etwa zwei Wochen erfolglosen Bemühens hatte ich

dann eine deutsche Rezeptionsangestellte am Telefon, die mir zögernd Ungeheuerliches mitteilte: »Also, ich habe schon von meinen Kolleginnen gehört, dass Sie immer versuchen, Monsieur C. zu erreichen, ich kann einfach nicht lügen und darum möchte ich Ihnen jetzt die Augen öffnen. Ich hoffe, ich mache jetzt keinen Fehler, aber ich muss Ihnen leider sagen, dass Monsieur C. in Portugal verheiratet ist und zwei Kinder hat. Seit Anfang Februar ist seine Frau auch hier und arbeitet im Hotel und nun sitzt er in der Klemme!«

Jetzt wusste ich genau, was es bedeutete, den Boden total unter den Füßen zu verlieren ... Ich weiß gar nicht mehr, was ich geantwortet hatte, aber es stand fest, dass die Welt für mich unterging.

War am Ende die Rezeptionskraft hinter ihm her und wollte mich hier nur »elegant herauskegeln«? Meine Gedanken purzelten nur so durch meinen Kopf und ich schwankte zwischen unbändiger Wut und ausgeprägtem Selbstmitleid ....

Wie kam ich nun an ihn heran? Ich musste mit ihm sprechen, ganz egal, wie er sich erklären würde, aber diese Sprachlosigkeit machte alles noch viel, viel schlimmer ...

So beschloss ich dann, ihm ein Telegramm an seine Privatanschrift in Montreux zu senden, die hatte ich immerhin. Ich wusste allerdings nicht, dass es damals in der gesamten Schweiz Usus war, dass Telegramme mit der Gendarmerie gebracht wurden ... Andere Länder, andere Sitten! So bekam er natürlich einen Schreck, als ihm das Telegramm gebracht wurde. Dies bestand nur aus vier Sätzen:

»Ich weiß über alles Bescheid! Wir müssen unbedingt miteinander sprechen! Bitte ruf mich an! So darf es nicht enden!«

Am nächsten Tag rief er in der Tat an und stammelte am Telefon vor sich hin. Er hätte Angst gehabt, mich zu verlieren, wenn er mir die Wahrheit gesagt hätte usw. Ich glaubte es ihm sogar irgendwie, aber trotzdem hatte ich Mühe, die Fassung zu bewahren. Er erzählte mir, dass seine Frau nur bis Ende April im Hotel bliebe und dann wieder nach Hause fliegen würde. Dies veranlasste mich zu dem Vorschlag, ihn noch einmal Mitte Mai in Montreux zu besuchen, da ich mit ihm in Ruhe und von Angesicht zu Angesicht sprechen wollte.

Dies wäre dann zwar ein schwerer, aber irgendwie würdigerer Schluss unserer Romanze, die so märchenhaft begonnen und nun so einen Schlussakkord genommen hatte.

So fuhr ich dann Mitte Mai nach Montreux, checkte im selben Hotel wie damals ein (es war ein so merkwürdiges Gefühl, das man kaum beschreiben kann).

Am Abend klopfte er nach seinem Dienst an meine Zimmertür. Es war erschreckend, wie anders vieles in nur wenigen Monaten werden kann: Er saß wie ein Häufchen Unglück auf der Kofferbank in meinem Zimmer, fing an zu weinen, redete immer wieder, wie leid es ihm täte und dass er so etwas noch nie getan hätte …

Es war eigenartig, aber ich konnte meine Gefühle, die ich einst bei unserem Kennenlernen hatte, nicht mehr abrufen, in meinem Kopf war nur der Gedanke: *Andrea, wie gut, dass du diese Reise durchgezogen hast, das ist sehr heilsam, denn jetzt muss du einsehen, dass dieses Treffen der Schlussakkord sein muss, das Vertrauen ist nicht mehr da und der Zauber von einst ist überdeckt von der Enttäuschung und dem nun fehlenden Vertrauen.*

Wir gingen dann noch zwei Mal in Montreux zusammen

spazieren und zum Essen; damit war diese so vielversprechend beginnende Beziehung beendet. Das Positive daran: Es wurde nicht geschrien und es fielen keine bösen Worte.

Meine Mutter hatte aus dieser Erfahrung natürlich ihr ganz eigenes Fazit gezogen: »Also, das nächste Mal, wenn sich ein Verehrer auf meinem Sofa mit Magenbeschwerden und dergleichen krümmt, dann müssen wir Folgendes durchaus einkalkulieren: Der hat etwas zu verbergen und fährt zweigleisig! Der bekommt dann keine Wärmflasche und Tee mehr, sondern dem zeige ich höflich, wo der Maurer einst die Öffnung gelassen hat! Dem nächsten Verehrer traue ich so weit, wie ich ein Klavier schmeißen kann ...«

»Meister Propper« (die ägyptische Ausgabe)

Heute gehe ich mal in Richtung 90er-Jahre, es muss so ungefähr 1995 gewesen sein. Ich war Stammkundin bei Karstadt und besonders oft frequentierte ich – wie kann es auch anders sein – die Kosmetikabteilung im Erdgeschoss. In dem Alter (ich war 34 Jahre alt) glaubt man ja wirklich noch alles, was so auf den Verpackungen steht.

Da ich Stammkundin bei Karstadt war, kannte ich natürlich auch die meisten Kaufhausdetektive vom Angesicht her. Seit einigen Wochen stand immer ganz plötzlich ein Mann in meiner Nähe und schaute mich wortlos an, wenn ich wieder so eine Wundertüte aus der Kosmetikabteilung kaufen wollte, den ich gar nicht einordnen konnte: Ca. 45 Jahre alt, bräunliche Haut, sehr sportliche Figur und immer sehr gepflegt. Was hatte der bloß? War das auch ein Detektiv? Oder ein Testkunde? Glaubte der, ich will etwas »mitgehen« lassen? Macht der eine Studie? Hilfe!

Eines Tages sprach er mich dann ganz freundlich an: »Sie sind hier öfter, nicht wahr? Sie sind mir auch sofort aufgefallen, so eine große schöne blonde Dame.« Oha, der zog ja bereits in einem einzigen Satz alle Register ... Es stellte sich heraus, dass er Ägypter war, Karim hieß, seit 20 Jahren in Deutschland lebte und – jetzt kommt's – der Leiter der Sicherheitsabteilung war – mit anderen Worten: Oberinspektor Karim Derrick des Shoppingwesens.

Und weiter ging's: »Ich habe nicht gewusst, wie ich Sie ansprechen soll bzw. wie Sie dann reagieren würden. Deshalb habe ich immer nur intensiv geguckt und wartete auf ein Signal von Ihnen!«

Wie, ich denke, die Männer aus diesen Regionen (Ägypten) geben das Tempo vor?! Na ja, dann war er also vielleicht ein wenig »geschmeidiger« in diesen Angelegenheiten.

Wir verabredeten uns dann zum Kaffee an einem der nächsten Tage. Ich fand ihn zunehmend interessanter und außerdem hatte er ausgesprochen gute Umgangsformen:

»Vielleicht lerne ich Ihre Mutter ja auch mal kennen, das würde mich sehr freuen!«

Wohlüberlegte Strategie ist schon der halbe Erfolg: Wenn man an die Tochter herankommen will, muss man erst einmal die Mutter »knacken«.

Das »Vorstellungsgespräch« bei meiner Mutter lief reibungslos ab, Karim kam mit Blumen und ließ es auch an Komplimenten meiner Mutter gegenüber nicht fehlen: »Sie haben eine ausgesprochen attraktive und äußerst intelligente Tochter. Aber sie hat ja auch ein tolles Vorbild in Ihnen!«

Wir begannen dann bald eine Beziehung miteinander, ich trat in seinen Tennisclub ein, im Sommer lebten wir in seiner Wohnung in Hastedt, da diese einen großen Balkon hatte und im Winter in meiner Dachgeschosswohnung im Bürgerparkviertel.

Beim Zusammenleben stellte sich dann aber schnell heraus, dass Karim anscheinend alles Ägyptische im Laufe der letzten 20 Jahre abgelegt hatte und – man verzeihe mir dies – noch »deutscher als deutsch« war: Alles musste an seinem Platz stehen und – bitte schön – millimetergenau, sein Putzzwang war sehr viel ausgeprägter als meiner (er griff jeden Tag zum Staubsauger, da er ansonsten befürchtete, die Wollmäuse würden ihm in Scharen an der Tür entgegenkommen) und selbst beim Essen hörte die Pedanterie nicht auf: Die Scheiben des Aufschnitts lagen in absolut gleichem Abstand auf der Platte und wehe, eine Scheibe verrutschte – es war nicht zum Aushalten. Ferner berauschte er sich jedes Wochenende an einem Schnellkochtopf und zerkochte mit diesem alles, ohne Einschränkung, sodass man die jeweilige Mahlzeit auch mit einer Schnabeltasse hätte essen können.

Für mich war alles, was mit dem Haushalt zu tun hatte, zwar notwendig, ohne Frage, aber so ein Theater wie Karim würde ich nie daraus machen. Ich darf hinzufügen, dass sich diese Einstellung bis zum heutigen Tag nicht wesentlich geändert hat. Ist doch egal, in welchen Abständen der Aufschnitt auf der Platte liegt, Hauptsache, es schmeckt!

Ein paar kleine harmlose Wollmäuse in der Ecke, in die man sowieso nicht hinkommt, sind doch nicht so schlimm, die tun doch nichts ...

Eines Tages – wir waren vielleicht etwas über ein Jahr zusammen – rief er mich im Büro an: »Andrea, ich habe heute Abend eine ganz tolle Überraschung für dich, ich habe sie gerade eben gekauft. Da kommst du nie im Leben drauf! Du wirst begeistert sein! Weiter verrate ich jetzt aber nichts!«

Meine Güte, was war denn nun los? Ich wurde neugierig. Was mochte das wohl sein? Etwas Schönes, das mich vielleicht den Haushaltsmief der vergangenen Monate vergessen ließ?

Hatte er endlich bemerkt, dass ich so langsam, aber sicher sehr ernüchtert war, da ich oftmals den Eindruck hatte, mitten in einem neuen Werbespot für »Meister Propper« zu stecken?

Ich konnte mich den ganzen Tag nicht auf meine Arbeit konzentrieren, da ich immer an die Überraschung denken musste, die mich des Abends ereilen sollte. Vielleicht ein Ticket für eine Fernreise? Eine neue Musikanlage?

Als ich am Abend nach Hause kam (da Sommersaison war, lebten wir in seiner Wohnung), sah ich zuerst eine riesige Verpackungsfolie im Flur. Vielleicht von einem Trimm-Dich-Rad? Von einem Stepper? Ach, Du meine Güte, Tennis reicht doch, noch mehr Sport wäre nun wirklich Mord …

Im Wohnzimmer fiel mein Blick dann auf ein komisches Gerät, das ich gar nicht einordnen konnte (irgendetwas für den Haushalt, also schon mal überaus lästig) und es lagen sechs oder sieben Wechseldüsen auf dem Wohnzimmerboden ... Karim kam aus der Küche gerannt und sagte: »Na? Habe ich Dir heute Morgen zu viel versprochen?«

»Wieso, wo ist denn nun die so groß angekündigte Überraschung???«

»Na, sie liegt doch direkt vor dir, das ist ein Dampfreinigungsgerät, absolut neu auf dem Markt, und man hat dazu verschiedene Düsen, eine für Polstermöbel, eine für Glasscheiben, die nächste für den Badezimmerboden etc. – warte mal, ich führe dir das jetzt mal vor! Damit wird alles so sauber, wie man das sonst nie hinbekommen würde, ist das nicht toll?«

Karim war nicht mehr zu bremsen, führte mir zunächst Düse A für die Polstermöbel vor, dann Düse B für das Wohnzimmerfenster. Seine Euphorie war größer als jemals zuvor und ich dachte, bevor er völlig berauscht zur Düse Nr. C (ich glaube, die war für die Fliesen im Badezimmer bestimmt) griff: *Das ist das erste Mal, dass ein Mann so ekstatisch und völlig inspiriert ist, wenn es um Putzen geht, ich kann's nicht fassen, und das passiert ausgerechnet mir!*

Mein Gott, was ist das unmännlich, dem fehlt jetzt nur noch das geblümte Kopftuch und dann ist die Putzfrau fertig.

Man braucht keine ausgeprägte Kombinationsgabe, um die Schlussfolgerung zu ziehen, dass der Abend gelaufen war: Karim war wütend darüber, dass ich mich überhaupt nicht zu freuen schien und die Chance nicht erkannte, in Zukunft absolut keimfrei und ohne ein einziges Wollmäuschen wohnen zu können. Ich hingegen hatte die Befürchtung, nun total im Haushaltsputzwahn versinken zu müssen und dass meine wöchentliche Struktur von der Auswahl der jeweils richtigen Düse bestimmt wurde.

Aber nicht nur dieser Abend war gelaufen, nein, ca. zwei Monate später war auch die Beziehung insgesamt erledigt.

Scheiden tut nicht immer weh, au revoir, adé, auf ein absolut keimfreies Leben, Du ägyptische Haushaltsfee!

Der »heiße« Henry

In Bremen im Bürgerparkviertel gab es bis 2005 eine sehr schöne Drogerie, die von einem sehr amüsanten Inhaber geführt wurde, dem die Eltern schon mit 27 Jahren ein eigenes Ladengeschäft gekauft hatten, da sie wussten, dass ihr »Henrylein« es wohl in Büros und Banken nicht ganz so leicht hätte, da seine exzentrische Art jeden zweiten Kollegen in den Wahnsinn getrieben hätte.

Henry war aus Überzeugung schwul, zählte bereits 53 Lenze, als ich ihn 1993 kennenlernte, baggerte auch fröhlichst verheiratete Kunden an und war – was kulinarische Genüsse und Musik betraf – ein echter Genießer und Schöngeist!

Ich wohnte genau gegenüber seiner Drogerie und war auch Stammkundin bei ihm, da ich des öfteren auf eine der Sonnenbänke ging, die zu der Drogerie gehörten. Wir hatten immer viel Spaß, brauchten uns manchmal nur anzuschauen und wussten schon, was der andere denkt. Henry hatte immer ein überaus interessiertes Auge auf meine jeweiligen Freunde (»Wo haben Sie deeeeen denn wieder her?«) und zur Höchstform lief er auf, als ich mit dem karibischen Musiker Eddy befreundet war.

»Andrea, ich muss sie jetzt mal von Frau zu Frau was fragen« – (was, wie bitte ????) »Sind die farbigen Männer wirklich so anders als die anderen? Ich meine, Sie haben da ja einen enormen Erfahrungsvorsprung mir gegenüber, gegen Sie bin ich ja ein Klosterbruder, aber mich interessiert das halt! Nicht, dass ich mir jetzt einen farbigen Liebhaber suchen würde, nein, nein, bei mir ist der Zug schon laaaaange aus dem Bahnhof gerollt ... Tja, und dann habe ich so gedacht, ob das nicht komisch ist, wenn man bei

Nacht nur Augen und Zähne sieht ... oder turnt Sie gerade das an?«

Ich muss sagen, dass ich ob dieser Ausführungen sprachlos war und das haben noch nicht viele Männer bei mir geschafft!

Obwohl sein »Testosteron-Zug« ja bereits aus dem Bahnhof gerollt war, »beichtete« Henry mir eines Tages, dass er sich total in einen iranischen Arzt verguckt hätte, der in Berlin wohnte. Zur Zeit wäre der bei ihm, und zwar für drei Wochen, da der doch tatsächlich Urlaub genommen hätte.

»Andrea, ich muss ehrlich sagen, als ich den in Berlin getroffen habe, war das irgendwie alles viel schöner ... Jetzt ist der erst vier Tage bei mir und ich könnte den jetzt schon hinauskomplimentieren .... Was meinen Sie, wie froh ich bin, dass ich morgens in die Drogerie gehen muss. Oh, nein, ich könnte mit niemandem mehr zusammenleben. Und nun kommt auch das Iranische so durch. Neulich lag der doch Nachmittags auf dem Bettvorleger im Schlafzimmer und bückte sich laufend. Ich dachte, der hätte seine Kontaktlinsen verloren und wollte schon helfen, aber der betete gen Mekka ... Andrea, nein, dafür bin ich zu alt und – seien wir doch mal ehrlich – nach vier Nächten kennt man doch jeeeeeden Leberfleck ... ist das öde, das ist doch nichts. Und dann diese alberne Bodenkür, also, ich komme mir da mittlerweile lächerlich vor – ich weiß nur nicht, wie ich den schnellstens loswerden kann – haben Sie nicht eine Idee? Sie sind doch so raffiniert, wenn ich so beobachte, was bei Ihnen drüben so los ist! Sie sind ja auch noch in einem Alter, wo man die »Sturm- und Drangjahre« hat!«

So? Da wusste der aber weitaus mehr als ich! Ich fand mein Privatleben gar nicht so spektakulär ...

Die nächste Höchstform legte Henry ein paar Jahre später hin, als ich mit einem sehr attraktiven Augenoptiker zusammenlebte, der ursprünglich aus dem Libanon kam und bei einem Optiker in der Bremer Innenstadt tätig war. Fouad hatte eine sehr gute Figur, als wir uns kennenlernten, war aber – das muss ich zugeben – aufgrund des hohen Verbrauchs von Pistazien im Laufe der Monate etwas aus dem Leim gegangen. Das ist natürlich auch Henry aufgefallen und so rief er mich eines Tages Mittags im Büro beim Arbeitsgericht an: »Andrea, saaaagen Sie mal, der Fouad hat ja direkt vor meiner Drogerie seinen grünen Mercedes geparkt. Momentan holt der gerade etwas aus dem Auto – was ist denn mit dem passiert? Sie kochen doch gar nicht, woher ist der denn so dick geworden? Oder lässt der sich fröhlichst woanders durchfüttern und Sie wissen gar nichts davon? In seiner Heimat dürfte der – wenn ich gut informiert bin – doch vier Frauen haben, insofern ist der ja hier bei Ihnen stark unterfordert … Du meine Güte, jetzt bückt der sich gerade in seinen Mercedes – mein lieber Mann, da kann man ja Wetten abschließen: Hält die Hose oder hält sie nicht? Ich habe da ganz große Bedenken.«

Henry hatte ein sehr schönes Haus in der Nähe der Drogerie und eines Tages lud er seine bei ihm angestellte Kosmetikerin, eine Aushilfskraft, seine Haushälterin und mich zum Kaffeeklatsch ein. Die Einleitung seiner telefonischen Einladung sollte nicht unterschlagen werden: »Andrea, Sie brauchen keine Angst zu haben, zu mir nach Hause zu kommen, ich könnte ja sowieso nichts mit Ihnen anfangen, da würde ich ja das Lachen bekommen.«

Bei ihm zu Hause herrschten strenge Regeln: Man musste die Straßenschuhe im Flur ausziehen und sich – das ist jetzt kein Witz – solche komischen grauen Riesenpantoffeln überziehen, die man normalerweise bei Schlossbesichtigungen in Süddeutschland bekommt ... Nun hatte man sich so elegant für den Nachmittag zurechtgemacht, aber wenn man hinunter zu den Füßen guckte, dann war der gute Eindruck auf einen Schlag hinüber ...

Die Champagnertorte und der Kaffee mundeten hervorragend. Dann begann Henry jedoch, uns großzügig Curracao bleu in den Kaffee zu schenken und das tat ohne nennenswerte Verzögerung seine Wirkung ... Wir Frauen fingen an, im Kanon zu singen, nur Henry verpasste seinen Einsatz immer wieder, da er anscheinend fieberhaft überlegte, wie er uns ganz elegant loswerden konnte ... Um 18:30 Uhr erwähnte er dann, dass er ja immer sehr früh ins Bett gehen würde, da er mindestens zehn Stunden Schlaf benötigen würde ... Tja, diesen Wink bekamen wir sogar durch den Curracao-Nebel hindurch mit, streiften uns die grauen Riesenfilzpantoffeln von den Füßen und sangen auf der Treppe zum Ausgang noch einmal eine Strophe ...

Ich werde nie Henrys Gesicht vergessen, wie er hilflos auf seiner Treppe stand und uns hinterher sah … – Sprachlos war er allerdings noch lange nicht: »Gute Nacht, Mädels, kommt gut nach Hause. Also, zwei Dinge weiß ich jetzt schon – Punkt 1: Ich werde Frauen nie wieder Curacao bleu zum Kaffee reichen. Ich hatte hier mal sechs Männer zu Besuch, aber die haben nach ein paar Curacao bleu nicht so einen Lärm gemacht. Punkt 2: In der vornehmen Gegend hier bin ich für die nächsten Wochen erst einmal gesellschaftlich erledigt, ich bin ja mal gespannt, ob morgen noch ein Kunde in meine Drogerie kommt …«

Der Griff nach den Sternen im Marriott-Hotel

Das Marriott-Hotel war in den Jahren 1986 bis 2005 unser zweites Wohnzimmer. Im oberen Stockwerk gab es ein wunderbares Restaurant »Belvedere« mit Blick auf die Wallanlagen, im Erdgeschoss gab es den »Hillmanns Garden«, eine herrliche Location, die vom leckeren Frühstücksbuffet bis hin zu einem abendlichen Feierabendmenü alles bot, was man sich als kulinarischer Genießer nur wünschen kann.

Am Ostersamstag 1993 saßen meine Mutter und ich im Hillmanns Garden beim Lunch-Buffet, das war schon Tradition geworden. Während ich eigentlich eine Brille brauchte und dies aus Eitelkeitsgründen ablehnte, konnte meine Mutter gucken wie ein Luchs.

So erblickte sie plötzlich einen bekannten Astrologen, der weiter hinten an einem Tisch Platz genommen hatte. »Andrea, das ist doch der bekannte Astrologe, der sein Büro in der Sögestraße hat. Neulich war der auch in einer Talkshow im Fernsehen und hat so heftig dort diskutiert, dass er zum Schluss fast so rot wie seine Anzugjacke war.«

Offensichtlich gefiel es dem Herrn an seinem gewählten Platz nicht, sodass er einen Tisch in Nähe unseres Platzes einnahm. Aber auch der gefiel ihm wohl nicht und er zog wieder um. Meine Mutter ging nun zum Angriff über und meinte: »Haben Sie denn heute morgen nicht in Ihrem Horoskop gesehen, dass das mit dem Tisch heute ein schwieriges Unterfangen wird?«

»Ach, ich habe im Moment sowieso eine ganz schlechte Phase, meine Lebensgefährtin, die auch zugleich seit elf Jahren meine Sekretärin ist, hat sich gestern von mir getrennt und jetzt habe ich niemanden im Büro, der alles organisiert.«

»Oh, meine Tochter ist auch Sekretärin, allerdings beim Öffentlichen Dienst, und die hat durchaus noch Kapazitäten frei, da ist nicht viel zu tun, die halten da zu 60 % der Zeit nur die Möbel fest oder gucken aus dem Fenster auf die Schiffe – meine Tochter arbeitet nämlich als Sekretärin an der Schlachte.«

Nun schaltete ich mich ein: »Kommen Sie doch an unseren Tisch, dann brauchen wir nicht so über die Gläser zu rufen.« Schwupp saß er schon an unserem Tisch und hakte bei dem Thema Arbeit ein.

»Ach, Sie sind Sekretärin? Ich wäre für Ihre Hilfe sehr dankbar, es soll auch Ihr Schaden nicht sein. Ich werde Ihnen ein gutes Zubrot zahlen, Sie brauchen eigentlich nur an zwei Nachmittagen und jeweils am Samstagvormittag kommen. Samstagvormittag ist sehr wichtig, da wir dann die Horoskope für eine Sonntagszeitung erstellen und faxen müssen!«

Das klang ja alles sehr entspannt, das bekomme ich doch mühelos hin!

Wir tranken dann Glas Champagner auf die neu gefundene Bekanntschaft und waren im Anschluss an das Mittagessen dazu eingeladen, uns sein Büro in der Sögestraße anzuschauen, »damit Sie wissen, dass Ihre Tochter in guten Händen ist«. Oha! Ein Kavalier der ganz alten Schule!

So betraten wir dann das Büro im vierten Stock und wunderten uns über die pompöse Ausstattung. Die Vorhänge hingen in großzügigen Wellen auf den Teppich, an der Wand große Gemälde von verschiedenen namhaften Künstlern und riesige Glasschalen voller Obst – ebenfalls aus buntem Glas. Meine Mutter lief zur Höchstform auf: »Meine Güte, das ist hier ja ein richtiges »Operettenbüro«

– wird hier wirklich gearbeitet?«

Bitte schön geschmeidig bleiben, sonst geht meine Chance auf eine lukrative Nebenbeschäftigung hier noch in die Grütze ...

Nun ja, ihre Frage war gar nicht ganz so vermessen, denn ich hatte dort ein Leben wie Herrgott in Frankreich. Von 9:00 Uhr bis 16:00 Uhr war ich an der Schlachte tätig und ging dann rüber in meinen zweiten Job. Ein bisschen Postbearbeitung, anschließend Kaffee und Kuchen, ein kleines Telefonat ... Unglaublich! So ungestresst hatte ich noch nie Geld verdient und leider, leider wurde ich durch das gute Leben mit der Zeit ganz schön drall ... Alles hat seinen Preis, da haben wir's wieder: Um meine Hüften herum bildete sich leider ein »Schwimmring«, der der erhöhten Kalorienzufuhr geschuldet war ... Ich hatte nämlich auch die Aufgabe, Alexander jeden Abend in ein Restaurant zu begleiten, da er dort jeweils ab 19:00 Uhr einen Tisch zum Abendessen reserviert hatte. Tja, Rotwein, drei Gänge, der vierte Gang dann hinaus zur Tür – das waren Kalorien, die sich so langsam auf meinen Hüften verfestigten ...

Vielen Dank für deinen Einsatz, Mutti, das hast du wirklich ganz toll gemacht! Ich wollte eigentlich nur mein Einkommen erhöhen, nicht aber die Werte auf meiner Waage!

Brüssel – Erste »Berührungspunkte«

Bevor ich mit meinen »Brüsseler Geschichten« anfange, möchte ich hervorheben, wie wunderbar mich die Belgier, die in Brüssel Zugewanderten bzw. die in Brüssel übergangsweise Tätigen von Anfang an unterstützt und mir das Leben angenehm gestaltet haben! Hierfür noch einmal ein ganz, ganz großes »Merci« bzw. »Dank u weel«! Das werde ich immer als besonders wertvolle Erinnerung in meinem Herzen aufheben!

Ich war 1999 beim Wirtschaftssenator Bremen in der Europaabteilung als Vorzimmersekretärin tätig.

Aufgrund meiner sehr guten Sprachkenntnisse in Englisch und Französisch bekam ich Mitte November 1999 das Angebot, ab Dezember 1999 für sechs Monate nach Brüssel in die Bremer Vertretung zu gehen, um die krankheitsbedingt ausfallende Sekretärin dort zu ersetzen. Ich wusste bis dato gar nicht, dass Bremen überhaupt eine eigene Vertretung in Brüssel hat!

In der Tat, Bremen hatte mitten im Herzen des Europaviertels eine sehr ansprechende großzügige Vertretung im Stil eines Altbremer Hauses, hohe Decken, Stuck an den Leisten und eine wunderschöne Aussicht auf den Park direkt vor der Tür!

Das Besondere Mac: Ich konnte im Dachgeschoss wohnen und hatte unten im Erdgeschoss meinen Arbeitsplatz. Die ganze Etage unter dem Dach war meine, alleine im Badezimmer hätte ich Rollschuhe laufen können, so groß war das Bad! Magnifique!

Im Europaviertel reiht sich in der Rue Archimède Restaurant an Restaurant und Pub an Pub; ich bekam schnell Kontakt zu den einzelnen Inhabern, besonders zu den Italienern und Spaniern. Hier zeigte sich mal wieder, was lange blonde Haare und eine freundliche aufgeschlossene Miene doch ausmachen können …

Die Bremer Vertretung machte – und das war Tradition – jeweils im Februar eines jeden Jahres ein Kohl- und Pinkelessen für VIP-Gäste aus Politik und Wirtschaft. Kohl- und Pinkel ist seit langem ein Traditionsessen in Bremen, das in den gesamten Wintermonaten (Dezember bis in den März hinein) mit Vorliebe gegessen wird. Das Kohlessen in Brüssel war natürlich ideal, um den Lobbyismus zu pflegen!

Nach diesem Essen ging ich dann mit einem Staatssekretär auf dessen Bitte hin (obwohl ich überhaupt keine Lust hatte) noch auf einen »Absacker« in eine spanische Kellerbar, die etwa 5 Minuten Fußweg entfernt von der Bremer Vertretung lag.

Die Musik hörte man schon draußen auf der Straße und als wir hineingingen, staunten wir nicht schlecht, denn die Bar war sehr gut besucht!

Die Stimmung war höchst beschwingt und aus dem Lautsprecher lief »YMCA« von den Village People. Hinter dem geschwungenen Tresen standen zwei sehr imposante Spanier mit Sonnenbrillen, ziemlich weit aufgeknöpften lustig gemusterten Hemden und Polizeimützen dekoriert! Mon dieu, was war hier denn los? Unglaublich, aber irgendwie klasse und genau das Richtige für den »Absacker« nach dem doch etwas gesetzten »VIP-Essen« in der Vertretung Bremen …

Ich bestellte dann bei dem größeren Spanier zwei Getränke, das heißt, ich musste mich regelrecht der Länge nach elegant über den Tresen hin zu ihm entgegenbeugen und den Getränkewunsch direkt in sein Ohr säuseln, sonst hätte er mich gar nicht verstanden! War die Musik vielleicht extra so laut, damit man schnell engeren Kontakt zu den weiblichen Gästen bekam? Er nahm meinen Getränkewunsch auf und fing gleich an, mich in sehr drolligem Englisch zu interviewen: »Madame, sind Sie neu hier in Brüssel? Lassen Sie mich raten, Sie kommen aus Schweden oder Finnland? Bleiben Sie länger?«

Der Staatssekretär meinte zu mir: »Frau Martens, Sie können mir doch nicht weismachen, dass Sie das erste Mal hier sind! Der ist ja mehr als zutraulich zu Ihnen!«

Tja, so ist das Leben in Brüssel halt und gerade das begann mir, sehr zu gefallen! Diese Offenheit, diese Lässigkeit – herrlich!

Der schon sehr angeheiterte Staatssekretär (er hatte ja schließlich in der Bremer Vertretung »vorgeglüht«) ließ über mich ein Getränk nach dem anderen ordern und sackte in der Tat so langsam, aber sicher ab, denn nach einer Stunde wusste er nicht mehr, wie sein Hotel hieß. Es wäre »irgendwo hinten im Europaviertel« und hätte unten eine große Rezeption – ach so!

Ich hingegen, um einen klaren Kopf doch sehr bemüht, fragte mich, wie der nette Spanier hinter der Theke wohl ohne Sonnenbrille aussah! Irgendwie gefiel der mir!

Der andere Spanier hieß Gérardo und hatte sich zwischenzeitlich ebenfalls sehr hingebungsvoll einem weiblichen Gast zugewandt! Irgendwann kam Jésus (mein spanisches »Modell«) hinter seinem Tresen durch die feiernde Menge auf mich zu und fragte, ob er denn für meinen Begleiter ein Taxi rufen sollte, da der ja nicht mehr sicher auf den Beinen stehen könne ... Au ja, aber dazu muss der erst mal wissen, in welches Hotel er chauffiert werden will ... Plötzlich fiel es ihm zum Glück ein und Jésus rief ein Taxi und geleitete ihn hinaus. Ich blieb noch (das hätte ich mich in einer Bar in Deutschland nie getraut, aber hier ...) und er fragte mich, ob er mich später nach Hause bringen dürfe. Ich erklärte ihm dass ich in der Vertretung Bremen wohne und arbeite und die fünf Minuten sehr gut alleine zu Fuß bewältigen könne! Die spanische Hartnäckigkeit war überaus beeindruckend, denn er hakte in seinem drolligen Englisch nach: »Madame, kommen Sie denn mit, wenn ich die Sonnenbrille abnehme? Sie werden sehen, dass sich hinter dieser ein vertrauensvoller Mann befindet!«

Ich musste schmunzeln und sagte ihm, dass das eine gute Idee wäre, da ich gerne seine Augen sehen würde. Carramba, die Augen waren genau so ansprechend wie der Mann selber und ich war wirklich überaus froh, in diese Bar gegangen zu sein.

Wir verabredeten dann, dass ich am nächsten Tag in meiner Pause zum Mittagessen in seine Bar komme, damit wir uns weiter unterhalten konnten.

Meine Güte, das glaubt mir doch in Bremen kein Mensch, dass ich einen Verehrer (oder sollte man besser sagen: einen »Verirrten«) getroffen habe, dessen Name Jésus ist!

Tja, eigentlich hatte ich den Vorsatz, mich während meiner Abordnung in Brüssel nur auf den Job zu konzentrieren – und nun? Aber eine gewisse ältere Dame in Bremen hatte ja von vornherein geahnt, dass dieser Vorsatz spätestens nach einem halben Jahr »Geschichte« ist und ich muss zugeben, dass sie ja noch überaus großzügig mit ihrer Prognose war …

Mit dem Jaguar nach Brüssel

Seit Dezember 1999 war ich nun in Brüssel, es gefiel mit sehr gut in der Vertretung Bremen, ich hatte seit Februar 2000 – wie schon erwähnt – meinen spanischen Freund Jésus und fühlte mich von Woche zu Woche heimischer!

In der spanischen Bar von Jésus traf ich im März 2000 eine sehr aufgeschlossene Belgierin, Viviane, Ende 50 (sie sah aus wie Ende 40), blonde lange Haare, hübsche frauliche Figur, die sich sogleich sehr nett um mich kümmerte. Wir verbrachten so manchen gemütlichen Abend in ihrer Wohnung in der Rue Franklin, die fünf Minuten von der spanischen Bar entfernt war. Irgendwie zimmerte sich für mich wie von selbst im Europaviertel ein kleiner, aber feiner Kosmos zusammen.

Als ich Viviane sagte, dass ich demnächst gerne meine Mutter nach Brüssel einladen würde, horchte sie sehr interessiert auf:

»Was hältst du denn davon, wenn wir deine Mutter zusammen in Bremen abholen und nach Brüssel bringen? Ich hätte schon Lust, auch mal Bremen kennenzulernen. Wir müssten dann früh starten, sodass wir am frühen Nachmittag in Bremen ankommen. Ich könnte in einem kleinen Hotel übernachten und am nächsten Morgen düsen wir dann mit deiner Mutter zusammen nach Brüssel – was meinst du? Ich fahre sehr gerne längere Strecken, du, für mich ist das wirklich überhaupt kein Problem!«

Ich war sprachlos, konnte ich das guten Gewissens annehmen? Natürlich würde ich ihr das Benzingeld bezahlen, aber so ein Angebot hätte ich niemals erwartet! Na, meine Mutter würde ja Augen machen, wenn ich ihr das am Telefon berichte und wenn sie erst einmal sieht, in welchem

Auto sie nach Brüssel chauffiert wird ... Viviane hatte nämlich einen flaschengrünen Jaguar, auf den sie überaus stolz war!

Mutti jubelte erwartungsgemäß am Telefon über diese Pläne und so fuhren wir an einem Donnerstag im März 2000 mit dem Jaguar nach Bremen. Wir kamen gut durch und so waren wir gegen 14:30 Uhr am Ziel. Mutti hatte anscheinend schon Reklame im Hause gemacht, denn bereits die erste Nachbarin, die uns im Treppenhaus entgegenkam, bemerkte: »Ah, da ist ja der Abholservice aus Brüssel – na, Ihre Mutter hat ja vielleicht ein Glück!«

Wir zeigten Viviane dann die Stadt und verbrachten später in Muttis Wohnung einen amüsanten Abend. Die Chemie zwischen Mutti und Viviane stimmte von der allerersten Minute an.

Lediglich beim Thema »Sex und Männer« waren die beiden Frauen unterschiedlicher Meinung. Viviane hatte nämlich in Brüssel seit einigen Jahren zwei Liebhaber, nämlich einen Spanier, der für die Kommission arbeitete und ca. 15 Jahre jünger war, und einen Griechen, Typ Naturbursche, 12 Jahre jünger, der in einem Restaurant tätig war. Tja, hier bekommt der »europäische Gedanke der Annäherung« eine ganz neue Bedeutung!

Es wirkte aber keineswegs gewöhnlich, wie sie das erzählte, sondern sie hatte eine wirklich drollige Begründung dafür parat: »Ich möchte keine feste Beziehung mehr. Aber ab und zu braucht man »das« für die Gesundheit. Männer haben ja auch oftmals mehrere Gespielinnen, warum solle eine Frau nicht auch mehrere Liebhaber haben?«

Mutti guckte zunächst betreten auf die Auslegeware, schluckte kräftig, fing sich dann aber erwartungsgemäß nach circa 3 ¼ Minuten: »Oh, nee, geh mir an Land, da hätte ich keine Lust zu, auch wenn ich in Ihrem Alter gewesen wäre. Da trinke ich lieber ein ordentliches Glas Sekt für die Gesundheit! Ich hätte nicht mal zu einem Liebhaber Lust, vielen Dank! Damit bin ich durch! Hauptsache, die beiden Männer haben nicht mal zur selben Zeit die Idee, Sie zu besuchen, dann hängt ja einer über!«

Ja, das war Mutti, wie sie leibt und lebt – sie haut die Bemerkungen ohne vorheriges Nachdenken heraus und merkt manchmal gar nicht, wie komisch das klingt! Aber die beiden Frauen verstanden sich auch in der Folgezeit gut, denn es verbindet ja durchaus, wenn man etwas gemeinsam hat: Viviane hatte das »lockere« Liebesleben und Mutti das »lockere« Mundwerk!

Brüsseler »Spitzen« vom Feinsten

Während meiner Brüsseler Zeit von 1999 bis 2008 kam meine Mutter mit immerhin fast Ende 70 nahezu jeden dritten Monat zu mir zu Besuch. Ich hatte bei sämtlichen Kolleginnen und neu gewonnenen Bekannten viel Reklame für sie gemacht und die jeweiligen Personen mit lichtvollen Ausführungen darauf eingestimmt, was auf sie zukommt, wenn sie meine Mutter persönlich treffen: ein ausgeprägter Humor, sie nahm kein Blatt vor den Mund, da sie schon damals glaubte, den »Rundum-Altersschutz« zu haben, eine Schlagfertigkeit, die ihresgleichen sucht und – nicht zu vergessen – sie hatte den Appetit einer 20-jährigen, obwohl meine Mutter dabei sehr schlank blieb.

Es war 2005 im Herbst und wir waren bei einer Ex-Kollegin von mir eingeladen, bei Jeannette, einer wirklichen Lady von 58 Jahren mit dunklen Haaren und mit sehr spitzbübischen dunklen Augen, die ziemlich außerhalb von Brüssel in Waterloo wohnte.

Ich hatte damals einen marokkanischen Stammchauffeur, Monsieur Mehdi, 60 Jahre, graumelierte Haare, und ein absoluter Ordnungsfanatiker, was sein Service-Taxi betraf: Man konnte dort wirklich vom Fußboden essen und es roch immer nach einem wirklich guten Männerparfum in seinem Wagen. Diese Eigenschaften hatten ihm auch den ersten Preis bei einem Wettbewerb in Brüssel für das sauberste Taxi der gesamten Region eingebracht.

Verheiratet wollte ich allerdings nicht mit ihm sein, denn ich könnte mir vorstellen, dass eine Ehe mit ihm sehr schwierig war und er regelmäßig stichprobenartig Sauberkeitstests im Haushalt abhalten würde, aber als Chauffeur konnte ich mich über ihn nicht beschweren! Immer höflich, superpünktlich, aufmerksam und charmant!

Monsieur Mehdi sprach ausschließlich Arabisch und Französisch und freute sich immer, wenn ich ein paar Worte Arabisch zur Begrüßung mit ihm wechselte. Aus meiner Zeit mit Fouad, dem Augenoptiker (Sie erinnern sich noch?) hatte ich ja ein wenig Arabisch gelernt, da Fouad und ich oft bei Familien aus Saudi-Arabien, die für ein paar Monate in Bremen lebten, eingeladen waren. Ich fand es höflicher, mit den Frauen wenigstens ein bisschen kommunizieren zu können, da sie sich immer so viel Mühe mit dem opulenten Essen gaben und eine Gastfreundschaft ausstrahlten, die ihresgleichen sucht!

Monsieur Mehdi holte uns nun an jenem Abend pünktlich um 18:00 Uhr ab, ferner war auch noch meine österreichische Kollegin Cordula, mit im Auto, die ebenfalls bei Jeannette eingeladen war.

Es goss in Strömen in Brüssel, es wurde langsam neblig und Wind kam auf. Man konnte auf der Straße kaum die Hand vor Augen sehen. Wir fuhren und fuhren und meine Mutter betonte mir gegenüber schon zum dritten Mal (mit jedem Mal auch ein wenig lauter und eindringlicher), wie sehr doch ihr Magen knurrte, da sie heute Mittag ja ausnahmsweise nur ein Brot gegessen hätte, um heute Abend gut »zugreifen« zu können, da das ja ansonsten auch der Gastgeberin gegenüber überaus unhöflich wäre!

»Also, ich will ja nicht meckern, aber das Brot in Belgien ist ja wie Luft und macht überhaupt nicht satt. Hoffentlich hast du Jeannette gesagt, dass ich einen anderen Appetit habe als die übrigen Frauen in meinem Alter!«

Mais oui, maman, jetzt nur keine Panik! Wie würde ein Bekannter von uns diese Situation kommentieren: »Je nebliger das Gelände, desto deutlicher tritt Gerda hervor!«

Die Zeit verging und meine Mutter wurde zusehends ungeduldiger. »Sag mal, fährt der da vorne richtig? Erkläre ihm doch noch mal, wo wir hinwollen! Wo sind wir hier eigentlich, ich sehe nur Wald und sonst nix. Ich hab' vielleicht einen Hunger – ihr etwa nicht?!«

Ich sah durch das Autofenster weder Wald noch sonst etwas, sondern nur die nasse Straße vor uns. Ich ermahnte meine Mutter, doch ein wenig vorsichtiger mit den Bemerkungen zu sein, denn auch wenn Monsieur Mehdi kein Wort Deutsch sprach, so konnte er sicherlich an ihrem vorwurfsvollen Tonfall merken, dass ihr etwas nicht gefiel und das musste ja nicht unbedingt sein!

Keine 11 Minuten später brach es dann aus ihr heraus: »Sag mal, ich hab das Gefühl, wir sind gar nicht mehr in Belgien, sondern schon in Frankreich ... Das wird ja eine schöne saftige Rechnung geben! Das ist ja zum Verrücktwerden, bis ich heute endlich an mein Abendbrot komme, mir ist schon ganz flau im Magen! Euch nicht?«

Monsieur Mehdi fing vorne lauthals an zu lachen, sodass wir alle mitlachen mussten.

»Ihre Mutter braucht keine Angst zu haben, wir sind noch in Belgien und in ca. 15 Minuten sind wir am Ziel!«

Donnerwetter, überhaupt keine Deutschkenntnisse, aber das hatte er also richtig interpretiert!

Zum Glück waren wir nach etwa zehn Minuten endlich da und Jeannette begrüßte uns erfreut im Flur ihres Hauses! Meine Mutter ließ es zunächst an einer passenden Begrüßung fehlen, sondern sie sagte zu ihr: »Meine Güte, wie kann man bloß soooo weit draußen wohnen? Und das Ganze nun nachher wieder zurück! Entschuldigen Sie bitte, dass ich etwas ungehalten bin. Mir hängt der Magen leider sehr unangenehm in den Kniekehlen!«

Hier zeigte sich wieder mal, wie gut es doch war, dass ich Jeannette schon mental auf meine Mutter eingestimmt hatte!

Es gab ein köstliches und – Gottlob! – reichlich portioniertes Risotto bei Jeannette, bei dem meine Mutter zwei Mal zugriff, und einen sehr guten Wein, bei dem sie sich allerdings zurückhielt, da »sie sonst über Kreuz gucken würde«.

Auf der Rückfahrt blieb Mutti ganz friedlich: Zum einen hatte sie sich »unterhaltungstechnisch« verausgabt, zum anderen hatte der volle Magen ihr Temperament auf ein angenehmes Normalmaß gezügelt!

Monsieur Mehdi, der uns auch zurückfuhr, kam sich nun sprachtechnisch sehr sicher vor, denn schmunzelnd ließ er mich auf Französisch wissen, wie passend doch das folgende Sprichwort für diese Situation sei:

»Füttere ältere Damen und sie sind still!«

Nightlife in Brussels

Jeden Tag auf's Neue angeregt durch die vielfältigen Eindrücke, die ich während meiner Zeit in Brüssel aufsog wie ein Schwamm, war ich eigentlich nie so wirklich müde. Ich bin sowieso ein »B-Typ« – mit anderen Worten: Frühmorgens hängt das Gesicht bis auf die Auslegeware, da man eigentlich gerne länger schlafen würde, und des Abends muss man im Lokal ja unbedingt sehen, was der letzte Gast für einen Mantel anhat … So kam es mir natürlich entgegen, als man meine Arbeitszeit so legte, dass ich um 10:00 Uhr anfing und bis 20:00 Uhr im Büro war. Ich hatte 1 ½ Stunden Mittagspause und so konnte man das sehr gut durchhalten!

Ich wohnte und arbeitete im Europaviertel. Zuspätkommen wäre unanständig gewesen, da Appartement und Büro lediglich 10 Minuten voneinander entfernt lagen!

Im Frühling und Sommer war das Nachhausegehen keine leichte Sache, denn die Straße, in der ich wohnte, war gesäumt von Lokalen, vor denen die Menschen bis in die Nacht draußen saßen. Wenn ich also um die Ecke in »meine« Rue Archimède bog, dann konnte ich davon ausgehen, dass dort mit Sicherheit Freunde und Bekannte von mir saßen, die mich sogleich überzeugungsstark und mit lichtvollen Argumenten vom Nachhausegehen abhielten, sehr positiv hervorzuheben ist hier die Überredungskraft der Italiener: »Alora, Andrea Bella, komm, eine ganz kleine Glas mit Salvatore, ist das nicht eine schöne Sommerabend? Was willst du denn in der casa, da kennt dich doch jeder!«

Überredet, aus dem einen Absacker wurde dann mitunter ein geselliger Abend von vier Stunden, während derer man sich Tapas und Rotwein zuführte und von der Stimmung her meinen konnte, dass man in einem südlichen Landstrich war – einfach klasse! Belgier, Spanier, Italiener, Deutsche, Engländer – der Tisch wurde immer voller und man dachte sich: Ach, so ein schöner Abend sollte nie zu Ende gehen! Mit anderen Worten: La dolce vita pur!

Da das Leben in Brüssel auch sehr kalorienreich war, musste man sich allerdings etwas überlegen, um nicht im Laufe der Zeit »Hüften wie ein altes Heupferd« zu bekommen. Wie sagte mal eine Referendarin zu mir, die für ein paar Monate in Brüssel abgeordnet war: »Wenn man nach Deutschland zurückkommt, wird man nicht gefragt: Wie war es? Sondern: Na? Wie viele Kilos mehr?«

Au weia, Rotwein und gutes Essen sind doch so verlockend, hier konnte nur eines helfen: Tanzen, bis das Putzlicht im Etablissement angeht!

Salsa, das war es – war da nicht eine südamerikanische Diskothek in der Nähe des Grand Place? Aber klar, meine deutsche Freundin Annemarie, die als selbstständige Übersetzerin in Brüssel arbeitete, machte mir den äußerst hilfreichen Vorschlag, dass wir an einem Samstag dort ab 23:00 Uhr »aufschlagen« und die Lage »mal grob peilen«.

Die Diskothek war sehr gut besucht, die Musik klasse und die Tanzfläche bereits voll von Tanzpaaren. Und dann die Auswahl an bestens durchtrainierten, tanzfreudigen und so beweglichen Männern!

Caramba, hier tanzten Kolumbianer, Afrikaner, Brasilianer, Argentinier – das konnte eine lange Nacht werden! Und die vielen überflüssigen Kalorien, die man dadurch einfach wegschleudern konnte – eine gute Lösung!

Annemarie und ich bestellten uns an der Bar erst einmal ein Getränk und betrachteten das Geschehen. Schon kam der erste Mann, der mich auf Englisch zum Tanzen aufforderte – was für ein »Modell« – trotz der spärlichen Beleuchtung fiel mir sogleich auf, dass hier jedes Kilo am rechten Fleck saß, er hatte gelockte dunkle Haare und ein gewinnendes Lächeln – na, hier sagen wir doch ohne Zögern: »Avec plaisir!«

Er fragte mich beim Tanzen, ob ich denn neu in Brüssel wäre, er hätte mich hier noch nie gesehen, ob ich aus Schweden kommen würde. Meine Güte, es stellte sich als schwierig heraus, gekonnt über die Tanzfläche geschleudert zu werden und auch noch antworten zu müssen ... Außerdem hatte ich (natürlich!) die Schuhe mit den höchsten Absätzen gewählt, Glückwunsch auch, da war es ja nur eine Frage der Zeit, dass ich bald der Länge nach schmerzhafte Bekanntschaft mit dem Tanzboden machte.

»Nein, ich bin aus Deutschland«.

»Deutschland, oh, wirklich, das ist ja toll, deutsche Frauen sind die besten der Welt! Übrigens: Sie haben ja unglaublich tolle Augen!«

Wie, bitte schön, konnte der das jetzt bei der spärlichen Beleuchtung beurteilen? Alle Achtung!

Obwohl: Ich als »kurzsichtiges Huhn«, das dioptringeschüttelt glaubte, trotzdem ohne Kontaktlinsen und Brille den Durchblick behalten zu können, war das vielleicht ein schlechter Gradmesser!

Galant wurde ich nach zwei Tänzen zurück an die Bar gebracht, wollte schnell einen Schluck Cola nehmen, da kam schon der nächste »Bewerber«, der mich höflich auf Französisch aufforderte.

Während ich den ersten »Bewerber« eher dem südamerikanischen Raum zuordnen würde, war der zweite eher aus der afrikanischen Region.

Tanztechnisch konnte der durchaus mithalten und außerdem hatte er die gleiche »Platte« aufgelegt: »Also, ich habe Sie hier noch nie gesehen, sind Sie aus der Schweiz?«

»Nein, ich komme aus Bremen, das liegt in Norddeutschland!«

»Oh, Sie sind Deutsche, also, deutsche Frauen sind die Besten, die sind hier auch sehr beliebt, die sind nämlich aufgeschlossen und bleiben doch bodenständig.«

Noch so eine Lüge, und der erstickt daran ...

Hier hielt ich immerhin drei sehr temperamentvolle Tänze durch (also, etwa 672 Kalorien konnte ich doch jetzt guten Gewissens bestimmt schon vom Tagessaldo streichen, oder?) und auch dieser Tanzpartner brachte mich dann galant wieder an die Bar zurück. Er fragte mich allerdings nach meiner »Numéro de GSM *(*Handynummer)«, ich erklärte höflich, ich hätte noch gar kein belgisches Handy, ich kam mir vor wie der Italiener in der berühmten Werbung, der hier wahrscheinlich gesagt hätte: »Isch abe gar kein Andy ...« – okay, es war gelogen, aber ich war ja nun wirklich nur zum unerlässlichen Kalorienabbau hier!

Mittlerweile hatte sich hinter der Bar, vor der ich mit Annemarie saß, eine wirklich beeindruckende Schlange von tanzwilligen Männern jeder Altersklasse gebildet – es fehlte nur noch, dass man hier noch eine Nummer ziehen musste.

Annemarie ging nun mit mir deutlich ins Gericht: »Also, du muss hier schon aufpassen. du hast zum einen blonde lange Haare und zum anderen guckst du ja viel zu freundlich, das nehmen einige dann als Aufforderung. Viele von denen sind anscheinend jedes Wochenende hier, denn die haben schon einen guten Überblick, wer hier neu ist und wer nicht, dass hast du ja schon gemerkt. Dann tanzen die mir dir und wollen deine Handynummer haben. Die meisten sind eigentlich sehr höflich, aber es gibt auch welche, die ungemütlich werden, wenn man zögert und die Handynummer nicht herausgeben will. Ich selbst habe das auch schon erlebt, zwar nicht in dieser Disco, aber in einem anderen Laden!«

Du meine Güte, was bin ich doch naiv und unbelastet hier hereingestolpert und nun das! Ich meinte zu Annemarie:

»Ja, Mensch, wie soll ich denn sonst gucken? Wenn ich ausgehe, dann mache ich doch automatisch ein freundliches Gesicht, da kann ich doch keine Miene aufsetzen, als ob ich von der Steuerfahndung komme. Dann hätte ich auch zu Hause bleiben können!«

»Ja, aber du siehst doch, was die hier anscheinend denken. Guck dir jetzt mal die Schlange an, das ist echt krass … Das habe ich so noch nie erlebt und ich lebe nun schon seit acht Jahren hier. Jetzt sag bloß nicht, dass du diese Schlange abarbeiten willst, wir müssen eigentlich sehen, dass wir hier bald wegkommen!«

Ich fühlte mich eigentlich überhaupt nicht dafür verantwortlich, frei nach dem Motto:

§ 1:

Ich bin nie schuld, denn ich habe ja nichts gemacht, jedenfalls nicht wissentlich!

§ 2:

Es gilt uneingeschränkt § 1.

Annemarie war mittlerweile gar nicht mehr zu Scherzen aufgelegt, denn jetzt legte ein fast zwei Meter großer Südamerikaner beherzt den Arm um um meine Taille und zog mich auf die Tanzfläche.

Es schien sich mittlerweile herumgesprochen zu haben, woher ich kam (entweder gab es hier auch einen »Eilfunk« oder Annemarie und ich hatten so laut in deutscher Sprache diskutiert, dass man das trotz der Musik vernommen hatte), und so kam er ohne Umschweife zum Kern: »Ich hoffe, Sie müssen nicht morgen schon wieder nach Deutschland zurück, Sie bleiben sicher in Brüssel, oder? Wir könnten ja mal zusammen essen gehen!«

Er hieß Ricardo und presste mich beim Tanzen so eng an sich, dass nicht mal ein Blatt der filigransten Papiersorte zwischen uns Platz gehabt hätte. Meine Güte, da hatte ich doch just an jenem Abend mal wieder die völlig falschen Signale gesandt ...

Ich musste in diesem Zusammenhang an eine amüsante Bemerkung eines Referendars aus der Bremer Vertretung denken: »Ui, ui, ui, Andrea, also, deine Auslandsabordnung sorgt ab und an bei den Männern für mentale Unordnung!«

Diesen Tanz beendete ich noch und ging dann zurück zu meiner »Gouvernante« Annemarie. Sie hatte die Autoschlüssel schon in der Hand und wir gingen Richtung Ausgang.

Wir diskutierten dann in einer nahegelegenen Bar so lange, wie man sich am besten mit welcher Miene in welcher Diskothek bewegt, dass wir gar nicht bemerkten, wie spät es schon geworden war.

Und: Der Hunger meldete sich bei uns. Das erste Frühstückslokal schräg gegenüber hatte bereits geöffnet und so gönnten wir uns erst einmal ein ausladendes »Petit déjeuner à la belge«.

Als Annemarie mich um 8:00 Uhr vor meiner Haustür absetzte, fiel mein Fazit des vergangenen Abends dann doch ein wenig niederschmetternd aus:

- ✓ Männertechnisch mal wieder völlig falsche Signale gesandt.
- ✓ Freundin durch »disko-untaugliches« Benehmen ganz schön verärgert.
- ✓ Sich des Morgens bedenkenlos »vollgeschlagen« und wahrscheinlich sogar zugenommen! Wie kontraproduktiv!

Na dann »Bonne nuit«!

Hamburg trifft Oviedo
oder:
Diese Mutter kommt einem echt »spanisch« vor …

Als Mutti hörte, dass ich nun mit einem imposanten Spanier aus Oviedo/Asturien den europäischen Gedanken »voll auslebte«, war sie sehr schnell bereit, den Mann mal persönlich zu »inspizieren«.

»Na, das war ja wohl nichts, sich nur auf den Beruf zu konzentrieren, was? Das habe ich mir aber gleich gedacht – lieber einen Sack Flöhe hüten als meine Tochter. Na ja, wenn er ordentlich und charakterlich solide ist, dann gönne ich dir das.«

Ach, Mutti, das ist schön, denke mal an deine »Sturm- und Drangzeiten«, und das zu der damaligen Zeit! Das war auch nicht von schlechten Eltern und zuweilen höchst delikat! Ich bin da wohl genetisch ganz schön vorbelastet!

Mutti rückte also im Mai 2000 – drei Monate nach unserem Zusammenkommen – in Brüssel an.

»Nun seid ihr schon ein Vierteljahr zusammen, da kann ich ja mal kommen, oder? Das scheint ja kein Auslaufmodell zu sein! Wer weiß, vielleicht wird das ja ein Dauerbrenner!«

Es war so, dass sie nach ihrer Ankunft mit mir zusammen in die Bar von Jésus ging, um bei dem »spanischen Galan der Tochter« ein erstes Glas Wein zu trinken. Jésus amüsierte sich zunächst, wie sie mit ihren immerhin 75 Jahren mit beherztem Schwung auf den erhöhten Barhocker kam. Sie ließ erst einmal ihren Blick durch das Lokal schweifen.

Jésus raunte mir auf Französisch zu: »Ich habe noch nie eine Frau gesehen, die den Kopf um fast 360 Grad drehen kann – alle Achtung! Und das in dem Alter! Der entgeht nichts, aber auch gar nichts! Bssst, die hat bereits jetzt die Hälfte des Lokals im Kopf eingescannt!«

Mutti gab nun auf Deutsch ihr erstes Statement ab, während Jésus andere Gäste bediente: »Also, den hätte ich, wenn ich jünger wäre, auch nicht von der Bettkante gekegelt, das ist ja ein sehr imposanter Mann, Mensch, und die schönen Haare … Ich wünschte, ich hätte so eine Wolle auf dem Kopf, dann könnte ich mir die Perücke sparen ... Unglaublich! Während ich morgens erst einmal justiere, wie die Perücke am besten gerade sitzt, fährt der sich bestimmt morgens einmal mit den Fingern durch die Haare und die Frisur sitzt den ganzen Tag – echt zu beneiden!«

Sie nippte an dem spanischen Rotwein.

»Na, das ist ja ein saures Zeug, da bekomme ich bestimmt Sodbrennen, aber er hat ihn mir so erwartungsvoll eingeschenkt, den trinke ich jetzt aus, sonst denkt der noch: Mensch, hat die Andrea eine meckerige Mutter, hoffentlich sehe ich die bald wieder von hinten ...«

Ach, so empfindlich sind wir ja nun auch nicht ... Die Spanier aus Oviedo haben eh ein breites Kreuz und können einiges ab! Auch Mütter mit starkem Hamburger Akzent auf der Durchreise!

Jésus bediente zwar weiter, schaute aber im Viereinhalbminutentakt zu Mutti herüber – irgendwie kam er sich anscheinend vor, als müsse er hier durch Muttis ganz persönlichen TÜV ... Ach, querido Jésus, Du nordspanisches Cleverle, Du liegst gar nicht mal so daneben!

Mutti guckte sich indes durch die Glasscheibe interessiert die dahinter ausgelegten zahlreichen Tapasvariationen an ...

»Kann man das alles wirklich essen? Kommt das gut an? Das sieht ja urig aus – was sind das denn ganz rechts für Gummiringe? Die sehen aus wie Gummibänder für Einmachgläser.«

Das waren Tintenfischringe, oh je, das konnte heute noch richtig amüsant werden – aber für wen wohl insbesondere?

Mutti kam sich sehr sicher vor, denn sie meinte, hier könne man frei heraus sagen, was man denkt, da ja sowieso niemand Deutsch verstand, und der »spanische Wonneproppen« doch sowieso nicht …

»Andrea, das ist ja wirklich schön hier, der Laden scheint ja auch gut zu gehen, aber eins muss ich ja mal sagen: Die Hocker krachen einem ja bald unter dem Hintern zusammen, da müsste er mal dringend was machen. Ich überlege mir schon die ganze Zeit, wie ich nachher mit Anstand von diesem Wackelstuhl wieder runterkomme? Da braucht man ja bald einen Flaschenzug!«

Das hatte Jésus – des Flämischen zu 100 % mächtig – und dies ist ja bekanntlich dem Deutschen nicht unähnlich – mitbekommen und so meinte er auf Englisch zu ihr: »Sie bleiben ja zwei Wochen, dann kommen Sie noch in den Genuss der neuen Hocker, die werden nämlich nächste Woche geliefert. Das einzige Problem: Die sind noch etwas höher!«

Tja, Mutti, nicht nur denken, erst *nach*denken und dann reden! Aber immerhin bekam sie doch einen kleinen Schreck:

»Mensch, ich denke, der hört gar nicht zu, weil er die Gäste bedient. Der ist ja multitaskingfähig, da muss ich aber jetzt vorsichtig sein. Ich will das ja nicht gleich bei der ersten Begegnung mit dem verderben!«

Glückwunsch zu der Einsicht, Mutti! Aber: Schaffst du das auch?

Sie probierte nun ein paar Tapas (aber natürlich nicht die Gummiringe): »Sag mal, das ist ja alles total mit spanischem Olivenöl durchzogen, na, da komme ich ja wohl aus deiner keramischen Abteilung gar nicht mehr heraus, das schlägt bestimmt unheimlich auf den Stoffwechsel. Da bin ich morgen mit Sicherheit erst einmal ausgeschaltet und an Dein Appartement gebunden – na, dann kann Jésus ja erst einmal aufatmen und sich von mir erholen!«

Muttis Befürchtungen trafen nicht ein und so gingen wir am nächsten Tag am Mittag erneut zu Jésus. Das Wetter war so herrlich, man konnte sogar draußen vor der Bar sitzen.

Mutti betrachtete beim Mittagessen interessiert das lebhafte Geschehen im Europaviertel und auch die Tortilla wurde kritiklos gegessen. Jésus wartete, bis der Hauptgang beendet war und überraschte sie dann mit einem wirklich überdimensionalen Eis mit üppiger Sahnehaube!

Leider bezog sich langsam aber stetig der Brüsseler Himmel, es wurde immer dunkler und die meisten Gäste nahmen ihre Gläser und gingen nach drinnen.

Aber nicht meine Mutter:

Voll konzentriert auf den Eisbecher blieb sie unter dem großen Sonnenschirm sitzen und ließ sich auch vom immer stärker werdenden Regen und vereinzelten Blitzen nicht beeindrucken.

Jésus stand mit belustigtem Blick vor seiner Bar: »Da kann jetzt echt kommen, was will, die isst weiter, die hat ja Nerven!«

Muttis nachvollziehbare Begründung für ihre stoische Ruhe kam kurz vor Inangriffnahme der letzten kindskopfgroßen Eiskugel: »Amüsiert Euch ruhig über mich, ich bleibe hier lieber sitzen, denn wenn ich jetzt unter dem Sonnenschirm hervorkomme, um nach drinnen in die Bar zu gehen, sitzt meine Perücke bei dem Regen spätestens nach 20 Sekunden so platt wie ein Pfannkuchen und dann ist der Eindruck endgültig hin!«

Katisha

Von Dezember 1999 bis Juli 2000 war ich in der Vertretung Bremen in Brüssel als Sekretärin tätig und habe im selben Haus unter dem Dach wohnen können. Das war herrlich und vor allen Dingen praktisch, Zuspätkommen war – nach den langen und äußerst lebhaften Nächten in den verschiedenen Bars in Brüssel – somit ausgeschlossen!

Des Morgens kam immer um kurz nach 8:00 Uhr Katisha, eine Marokkanerin, Mitte 40, sehr hübsch anzusehen, um die Vertretung sauberkeitstechnisch auf Vordermann zu bringen. Katisha sprach ein sehr vornehmes Französisch und man konnte sich sehr gut mit ihr unterhalten, ihre Augen waren lebhaft und pfiffig und irgendwie hatte sie den Schalk im Nacken. Wir waren uns von Anfang an überaus sympathisch, wenn sie doch nur nicht ganz so schnell und so viel sprechen würde …

Sie war seit 20 Jahren mit einen wesentlich älteren Mann verheiratet, hatte sieben Fehlgeburten hinter sich und immer noch denselben innigen Wunsch: ein Kind verwöhnen zu können. Sie dachte daran, das Kind ihrer Schwester aus Marokko nach Belgien zu holen, denn die Schwester hatte bereits fünf Kinder und war am Ende ihrer Kräfte.

Da ich ja nun Jésus, den imposanten Nordspanier, als neugewonnenen Freund und »Begleiter meiner schlaflosen Nächte« hatte, war es morgens natürlich immer sehr spannend, ihn so elegant aus der Vertretung Bremen herauszubekommen, dass es niemand bemerkte. Ich war mir nämlich nicht ganz sicher, ob es überhaupt erlaubt war, jemanden mit ins Haus zu bringen …

<u>Andererseits:</u>

Es stand nirgendwo geschrieben, dass das »Weltliche«

absolut untersagt ist … Und in einem dreistöckigen Altbremer Haus in Brüssel als Frau des Nachts völlig alleine war auf Dauer doch sehr langweilig …

Eines Morgens nun saß ich gegen 8:45 Uhr in meinem Büro im Erdgeschoss und Jésus war noch oben in meinem Zimmer. Katisha hörte nun aus meinem verschlossenen Gemach Geräusche, als sie die obere Etage säuberte, und kam mit vielsagenden Blick zu mir nach unten.

»Andrea, ist da noch jemand in deinem Zimmer?«

»Äh, ja … Sag bloß nichts! Bitte!«

»Ich sage nichts, ist es denn wenigstens ein schöner Mann?«

»Ja, was denkst du denn, vor allen Dingen ein interessanter Mann! Und so herrlich humorvoll!«

»Oh la la, Andrea, ich gönne dir das! Weißt du was? Ich werde jetzt nach oben gehen, anklopfen und ihm Kaffee bringen, das ist doch eine gute Idee, oder? Er kann doch den Tag nicht ohne Kaffee beginnen!«

Donnerknispel, da sage noch einer, marokkanische Frauen wären nicht modern eingestellt und hätten keine patenten Ideen ...

Katisha nahm ihre Schürze ab, stellte schnell ein französisches Frühstück (Kaffee und Croissants) zusammen und fuhr mit dem Fahrstuhl vom Erdgeschoss in den dritten Stock. Nach ein paar Minuten stand sie wieder an meinem Schreibtisch: »Andrea, was für ein Mann, er war auch gar nicht verschreckt, dass nicht du sondern ich vor der Tür stand. Oh la la, und die schönen dunklen Locken! Wie habt ihr euch denn gefunden?«

Ich erzählte ihr nun die Story unseres Kennenlernens und sie hörte amüsiert zu.

Katisha wandte ihren »Kaffee-Service« nun fast jeden

Tag an und hatte richtig Spaß daran, dieses pikante Geheimnis ideell mit mir teilen zu können! Ihre vielsagenden Blicke waren einfach nur köstlich!

Als ich eines Abends nach der Arbeit in die Bar von Jésus ging, um dort ein Gläschen zu trinken, hörte ich, wie Jésus gerade einem Protokollchef der Kommission von der Vertretung Bremen vorschwärmte: »Die haben dort ein Leben wie Herrgott in Frankreich: Die Räume sind sehr großzügig geschnitten, die Büros sind ausgestattet wie Wohnzimmer und im obersten Stockwerk kann man sogar übernachten. Und das Beste: Die haben sogar eine Servicekraft mit weißer Schürze für Besucher, die einem jeden Morgen den Kaffee ins Zimmer bringt!«

Schlussakkord für Segundo

In der Bar von Jésus saßen während der Mittagszeit sehr viele spanische Angestellte sowohl von der Europäischen Kommission als auch von den verschiedenen Banken spanischen Ursprungs, die eine Dépendance im Europaviertel unterhielten.

Segundo war Direktor einer spanischen Bankfiliale direkt am Rond Point Schuman, ein großer stattlicher Mann mit Goldrandbrille, ca. Ende 50, mit vollem leicht angegrautem Haar. Er war offensichtlich für »leben und leben lassen«, denn wenn er mit einigen Angestellten in die Bar von Jésus kam, dann dauerte die Mittagspause bis zu zweieinhalb Stunden!

Der obligatorische Cognac nach dem Essen war ein Muss und die Stimmung war mehr als ausgelassen – also, solche Bankbeamten hatte ich zuvor noch nie gesehen!

In Bars wird natürlich viel geredet und mir kam eines Tages zu Ohren, dass Segundo in drei Monaten zurück nach Madrid beordert wird, eigentlich wäre es eine Strafversetzung. Man wäre wohl dahintergekommen, dass Segundo mit einigen Sekretärinnen seit Jahren ein »gepflegtes Trallalla« führte und dies war nun leider auch bei der Frau von Segundo in Madrid und einem der führenden Herren in der Hauptzentrale angekommen.

Über eine Belgierin, die ebenfalls in der spanischen Bank arbeitete und mit der ich sehr gut befreundet war, bekam ich dann Anfang Mai 2007 eine Einladung zu Segundos Abschiedsbankett, das Ende Mai 2007 im Restaurant von Jésus in der ersten Etage stattfinden sollte.

Ich stellte mir sogleich ein absolut langweiliges Bankett vor, auf dem ernste Reden geschwungen werden und bei dem man den ganzen Abend artig am Tisch sitzt und sich versucht, intelligent zu unterhalten. Hier wurde ich aber ganz schnell eines Besseren belehrt, denn man wollte Segundo offensichtlich das Bankett so gestalten, wie sein gesamte Einsatz in Brüssel gewesen war: vielseitig, lustig, ausgelassen und angereichert mit (hoffentlich) vielen angenehmen Überraschungen!

Die Frage war nun, wie ich dazu beitragen konnte/sollte? Aber da hatten die befreundete Belgierin und die Personaldisponentin der Bank sofort eine zündende Idee: Wir sollten zu dritt einen Flamenco aufführen, natürlich in spanisch angehauchter Tracht und mit Kastagnetten …

Leider hatte ich aufgrund des guten Lebens in Brüssel gerade zu der Zeit massive Figurprobleme und so stellte ich mir vor, wie ich an Segundos Ehrenabend aussehen würde: Wie eine »Stopfwurst«, die man in ein spanisches Kleid gepresst hätte und die wild und ungeübt mit den Kastagnetten herumfuchtelte!

Ach, lieber Segundo, auch wenn Sie offensichtlich in Brüssel über die Stränge geschlagen haben, hätte ich Ihnen doch eine würdigere Abschiedsvorstellung gegönnt!

Aber, Versprechungen soll man ja bekanntlich halten und so wurde ich bezüglich des Auftrittskostüms bei einem Secondhandshop fündig: Die vielen Volants am Kleid machten mich allerdings noch breiter, aber die Blume saß wirklich toll im Haar! Wenigstens etwas!

Wir hatten noch genau drei Wochen Zeit, den Tanz einzuüben, und trafen uns daher jeden Mittwoch am frühen Abend. Wir lachten eigentlich mehr, als dass wir etwas zustande brachten, aber man versicherte mir immer wieder, dass das Ganze ja noch einmal ein großer Spaß werden sollte für den armen Segundo, der ja nun bald in Madrid wieder ein ganz braves Leben würde führen müssen! Er sollte gerne und oft an diesen Abend zurückdenken! Muy bien!

Der Beginn der Abschiedsfeier war um 19:00 Uhr. Wir drei Frauen sollten uns erst – damit es eine Überraschung ist – um 20:00 Uhr unten in der Bar einfinden und warten, bis man uns Bescheid sagt.

Ich war an jenem Abend äußerst unpässlich, da ich mich aufgrund einer typischen »Frauensache«, die pünktlich alle vier Wochen eintritt und natürlich immer dann, wenn man sie am wenigsten braucht, noch üppiger fand als sonst …

Alles, aber auch alles engte mich ein: Der BH, das Kleid, die Strumpfhose – wie schrecklich! Warum hatte ich das nur angenommen, ich hatte bei der spanischen Bank noch nicht einmal ein Konto, Segundo kannte ich nur vom Mittagessen, wir grüßten uns immer sehr freundlich – aber sonst? Aber gut, kneifen wollte ich nun auch nicht, ich war ja auch selber schuld: Warum hatte ich in den letzten Monaten immer wieder den »5.000-Kalorien-Gong« mit sorgloser Großzügigkeit überhört!

Tja, da standen wir nun unten in der Bar und hörten den Lärm oben vom Restaurant. Dann vernahmen wir, wie einer der spanischen Angestellten eine Rede hielt und uns dann ankündigte: »Lieber Segundo, wir wissen ja, wie gerne du schöne Frauen um dich hast, und da haben wir anlässlich deines Ehrentages keine Kosten und Mühen gescheut und extra für dich drei spanische Tänzerinnen aus Madrid hier nach Brüssel einfliegen lassen, die wir jetzt herzlich begrüßen wollen!«

Das war unser Einsatz und wir beeilten uns, die Treppe zum Restaurant nach oben zu erklimmen.

Als man uns erspähte, begann ein derartiges Gejohle, von

dem ich hoffte, dass es so schnell nicht enden würde, denn das ging ja alles von der im Programm eingeplanten Auftrittszeit ab – also, macht nur weiter!

Tja, und dann, als es leiser wurde, erklang unsere Musik. Ich hatte das Gefühl, ich wäre in der letzten halben Stunde noch weiter »aufgepumpt« worden und mühte mich ab, so gut es ging. Von spanischer Anmut war da sicher nichts zu sehen, ich kam mir vor, wie eine Seekuh beim K(r)ampf-Pilates!

Wenn mich nach dem Tanz jemand fragen würde, was das Ganze bedeuten sollte, könnte ich ja sagen, dass dies eine Persiflage auf den spanischen Tanz an sich gewesen war …

Mit einem Mal sauste etwas mit einem Zischen von mir ausgehend ab wie eine Feuerwerksrakete!

Es war unbestreitbar mein rechter BH-Träger, der mit kleinen Metallösen versetzt war, der dem Druck nicht mehr hatte standhalten können. Leider sauste er geradewegs auf den netten Herrn zu, der uns noch Minuten vorher so euphorisch angekündigt hatte ... Der BH-Träger streifte so unglücklich sein rechtes Auge, dass es sofort anschwoll und blutunterlaufen war!

Die Musik brach ab, alles schaute mich an, einige Gäste lachten vor Verlegenheit, einige Gäste indes schauten betreten auf die Auslegeware oder das noch nicht eröffnete Buffet, aber das Schönste: Monsieur le Directeur Segundo lachte aus vollem Herzen am lautesten, da er das Ganze für einen äußerst gekonnten Gag unsererseits hielt!

Er wurde dann aber ganz schnell darüber aufgeklärt, wie sich die Sache verhielt, und ließ sogar einen Notarzt rufen, der sich die Bescherung bei dem verletzten Herrn doch lieber einmal anschauen sollte.

Der Notarzt hatte bald alle Hände voll zu tun, denn die

Personaldisponentin hatte durch ihr Lachen über meinen »Raketenträger« einen Schluckauf bekommen, der einfach nicht enden wollte und immer heftiger wurde …

Himmel, was war das nur für ein Abend? Hatte hier gar die Frau von Segundo von Madrid aus ihre Hände im Spiel?

Mir war nicht mehr nach Feiern zumute, ich wollte nur raus aus meinem Kleid, bevor sich noch etwas turboartig löste, nichts mehr essen, nichts mehr trinken, nur noch Ruhe, so eine Blamage!

Und ich stellte mir Segundos Gattin vor, wenn der »spanische Buschfunk« ihr Folgendes mitteilt:

»Die Abschiedsvorstellung für Ihren Mann war so spektakulär und turbulent wie sein Aufenthalt in Brüssel, denn einer der Angestellten wurde durch einen quer durch den Raum fliegenden BH-Träger einer der extra aus Madrid eingeflogenen Flamenco-Tänzerinnen außer Gefecht gesetzt. Die Personaldisponentin der Bank war ebenfalls nicht mehr vernehmungsfähig, da ein Schluckauf sie derart behinderte, dass der herbeigerufene Notarzt auch bei ihr einschreiten musste.

Die dralle blonde Flamenco-Tänzerin, die das Ganze verursacht hatte, stürmte mit schamesrotem Gesicht und asymmetrischem BH aus dem vollen Restaurant und ward an dem Abend nicht mehr gesehen!«

Ich hörte ein paar Tage später, dass mein Lapsus eigentlich nur das einleitende »Warm up« einer ganzen Reihe von weiteren Pannen gewesen war – als da im Einzelnen wären:

Eine Dame ließ zu vorgerückter Stunde und aufgrund zu hohen Alkoholgenusses ihr Handy in das keramische Becken fallen und fiel fast hinterher, als sie es wieder herausfischen wollte.

Eine der Sekretärinnen, mit denen Segundo ein »Trallalla« hatte, bekam einen Weinkrampf, weil sie der (alkoholuntermalte) Abschiedsblues ereilte und sie bekniete Segundo, doch für ihre baldige Versetzung nach Madrid in die Hauptzentrale zu sorgen.

Der stellvertretende Direktor sagte dem marokkanischen Taxifahrer zu vorgerückter Stunde seine Adresse so undeutlich, da die »Zunge auf Holzpantoffeln ging«, dass er ihn in eine völlig andere Ecke Belgiens fuhr, ohne dass der angeheiterte Fahrgast dies nur ansatzweise bemerkte ...

Noch irgendwelche weiteren Fragen? – Nein? Ach, das ist gut, denn mir würden auch die Antworten fehlen!

Das »Bremer Krötentelefon« oder: Info-Hotline Bremen – Brüssel

Mein Vater brachte – als ich im sechsten Lebensjahr war – eines schönen Sommertages im Jahr 1967 eine russische Landschildkröte mit nach Hause. Sie lief auf seinem Firmengelände ein bisschen verwirrt umher, ihre Vorderbeine waren ganz dünn und der Panzer staubig und ungepflegt.

Ich kann mich heute noch genau daran erinnern, dass ich zunächst wenig begeistert war, als er mit der Kröte nach Hause kam. In dem Alter hat ja jedes Kinder lieber einen Hund, das ist ja klar.

Meine Mutter nannte unsere Kröte sofort »den Hamburger auf vier Beinen«, aber auf Dauer konnte man dem Tier das nicht antun, und so bekam unsere neue Bewohnerin den Namen Sonny, da Schildkröten für ihr Leben gern in der Sonne liegen, Wärme tanken und tiefenentspannt vor sich hinduseln (genau wie ich!).

Sonny entwickelte sich prächtig, sie nahm zu, obwohl ihr »Krötenmenü« ja so einfach war: Das Weiße aus dem Brötchen (bitte vorher ganz leicht antoasten, sonst bekommt Sonny ihre kleinen weißen Zacken nicht mehr auseinander, da das Weißbrot am Gaumen klebt) und Eisberg- oder Feldsalat.

Besonders beliebt waren auch Butterblumen und Löwenzahn; dies führte allerdings zu einem erheblich vermehrten Ausstoß aus Sonnys Krötendarm, sodass Mutti eines Tages entsetzt meinte: »Ach, Du liebe Zeit, die Sonny explodiert ja förmlich! Du bist nur für die angenehmen Seiten der Krötenhaltung, das Unangenehme kann die Mutter ja übernehmen. Lass das mal lieber mit den Butterblumen, so viele Küchenrollen kann ich gar nicht besorgen, um das ständig wegzumachen!«

Na, gut!

Als ich Ende 1999 nach Brüssel ging, blieb Sonny natürlich bei Mutti in Bremen. Die ersten Tage dachte Mutti, sie hätte eine Kröte ohne Kopf, denn Sonny – mittlerweile schon über 30 Jahre bei uns – hatte irgendwie Weltschmerz über mein Verschwinden: Sie lief immer zu dem Sessel, in dem ich des Abends gewöhnlich saß, und zog dann wieder das Köpfchen ein vor lauter Enttäuschung, wenn sie bemerkte, dass meine Planstelle nicht besetzt war. Nicht einmal fressen wollte sie nach meiner Abreise!

Man muss dazu wissen, dass Schildkröten einen erst nach 20 Jahren als »Herrchen« oder »Frauchen« ansehen, aber dann zu 100%!

Trotzdem blieb Sonnys weitere Entwicklung mir erhalten, denn Mutti berichtete nun tagtäglich am Telefon von ihr, wobei es sie auch nicht im Mindesten störte, wenn ich in der Kanzlei gerade über einer komplizierten Honorarrechnung brütete.

»Tja, Andrea, hier sitzen wir nun, Deine beiden ollen Kröten, die eine mit zwei und die andere mit vier Beinen. Stell dir mal vor, als ich vorhin in der Stadt war, da bezog sich der Himmel plötzlich ganz bedrohlich. Ein Gewitter war im Anflug. Mensch, habe ich mir gedacht, die olle Kröte sitzt ja auf dem Balkon, die hat sicher Angst vor Gewitter! Da bin ich doch tatsächlich überstürzt mit dem Bus nach Hause gefahren und was finde ich dann da vor: Die Kröte liegt draußen auf dem Rücken, da ist die olle Ziege wohl umgefallen, als sie mit ihren kleinen Sofabeinen die Stufe zur Terrassentür hinaufklettern wollte … Nun kann ich heute Abend gar nicht meine Perücke waschen, weil ich bei meiner überstürzten Abfahrt aus der Innenstadt ganz vergessen habe, das Perückenspezialshampoo zu besorgen!«

Meinen Kolleginnen blieb natürlich nicht verborgen, was ich mir da manchmal am Telefon anhören musste, da ich oftmals Lachanfälle bekam, und nach einiger Zeit erkannten sie Muttis Nummer auf dem Display und meinten: »Andrea, komm schnell, da ist wieder das »Krötentelefon«, deine Mutter will wohl mal wieder einen Report durchgeben, ach, stell doch mal auf laut! Wir wollen auch mal etwas zum Lachen haben und deine Mutter hamburgert so herrlich, das klingt wie das Ohnesorg-Theater zweiter Aufguss!« Na, das war wohl eher schon der dritte!

Im Hochsommer 2003 wurde Muttis Balkon fassadentechnisch erneuert und sie berichtete mir, dass wohl drei bis vier Arbeiter kommen würden, damit das Ganze schnell geht, sie würde dann mal notgedrungen zu Hause bleiben müssen, um das Ganze zu beobachten.

Muttis telefonischer Bericht ließ nicht lange auf sich warten: »Andreeea, also, wenn ich jünger gewesen wäre, dann wäre ich heute aber »ins Trudeln« gekommen. Hier in Bremen sind 29 Grad und so haben die Arbeiter »oben ohne« gearbeitet, hatten alle nur ganz enge Jeanshosen an, zwei davon sogar in Kurzform! Na, ich kann dir sagen ... Du kannst gerade nicht so reden, oder? Ach, macht ja nichts … Du hast jetzt auch nicht auf laut gestellt, oder? Sonst bin ich ja gesellschaftlich erledigt und kann in Brüssel nur noch mit der Tarnkappe rumlaufen ... Also, wie gesagt, die hatten alle Figuuuuuren, also, so etwas habe ich wirklich noch nicht in Natura gesehen, das waren vielleicht knackige und nahtlos braun gebrannte Naturburschen. Die hätten allesamt als männliche Modells arbeiten können – und so etwas turnt auf meinem Balkon herum! Ich habe mich dann ins Wohnzimmer gesetzt und so getan, als ob ich gaaanz intensiv mit meinem Rätselheft beschäftigt bin, ich habe natürlich dauernd durch die Scheibe gelugt, also, den Anblick wolle ich mal aus erster Reihe genießen! Ich glaub, der eine hat das gemerkt, der grinste immer so, wenn er durch mein Wohnzimmer auf den Flur musste ...«

Was lernen wir daraus? Auch eine ältere zweibeinige Kröte brennt innen noch lichterloh!

Das scheint irgendwie ansteckend zu sein, denn:
Die vierbeinige Kröte hat ganz augenscheinlich ebenfalls die delikate Aussicht genossen …

Völlig ohne Durchblick

Während meiner Zeit in Brüssel hatte ich mir ab 2004 angewöhnt, meine vielen Überstunden monatlich abzubauen und jeweils mindestens für ein langes Wochenende zu meiner Mutter nach Bremen zu fahren.

Am 5. Februar 2004 fuhr ich erneut nach Bremen, um dort eine ganze Woche zu verbringen, da meine Mutter am 7. Februar ihren 79. Geburtstag mit mir feiern wollte. Von Brüssel aus hatte ich schon im Hilton-Hotel telefonisch alles für eine würdige Geburtstagsfeier vorbereitet.

Wie immer nahm ich morgens den Thalys von Brüssel nach Köln und stieg dann am Kölner Hauptbahnhof in den Intercity um.

Mir fiel sogleich auf, dass es in der ersten Klasse, in der ich meinen Platz reserviert hatte, ziemlich unbeheizt war. Jetzt wurde mir klar, warum das Abteil so leer war.

Es kam dann noch ein ganz ansprechender Mann in das Abteil, der mich beim ersten Hinsehen ein wenig an Udo Jürgens erinnerte, als der so um die 55 war. Der Mann nahm genau eine Reihe vor mir Platz. Auch er merkte wohl, dass im Abteil eine Temperatur herrschte, die 5 Grad wärmer war als Speiseeis, und drehte sich zu mir herum:

»Entschuldigen Sie, ist Ihnen auch so kalt? Wollen wir nicht in das andere Abteil der ersten Klasse umziehen?«

Gesagt, getan, aufmerksam fragte er mich, ob er nicht meinen Trolley nehmen sollte. Meine Güte, es gibt doch noch Kavaliere, schoss es mir durch den Kopf. Obwohl: So aufmerksam sind doch eigentlich nur homosexuelle Männer ...

Wir nahmen in einem anderen Abteil Platz und er schien meine Gedanken zu erraten: »Soll ich uns mal eben einen

Kaffee zum Aufwärmen holen?« Au ja, nur zu, meine Güte, ist der serviceorientiert! Und Gedanken lesen kann der auch noch! Er kam dann mit dem Kaffee zurück und wir unterhielten uns sehr angeregt. Er arbeitete in einem großen Unternehmen in Bremerhaven, wohnte aber – genau wie ich – in Bremen-Schwachhausen.

Wir kamen von einem Thema zum anderen und dass ich in Brüssel arbeitete und dort seit fünf Jahren einen spanischen Freund hatte, fand er äußerst interessant. Er meinte, dass es durchaus möglich sei, dass er demnächst eine Dienstreise nach Brüssel antreten müsse. Meine Güte, das Ganze entwickelt sich ja zum Selbstläufer!

Die Zeit verging wie im Fluge und schon fuhr der Zug im Bremer Hauptbahnhof ein. Ich hatte an dem Tag meine Haare hochgesteckt und stand – kurz bevor der Zug den Bremer Bahnhof erreichte – unmittelbar mit meinem Gepäck vor ihm im Gang des Zuges. Ich bemerkte gerade, dass mir hinten eine lange Haarsträhne entwichen war, als er mir diese mit gekonntem Griff in die entsprechende Haarklammer zurückschob.

Jetzt war es irgendwie für mich klar: Das hätte doch ein Hetero nie und nimmer wahrgenommen, aber ein homosexueller Mann ist eben aufmerksam und sensibel und sieht so etwas! Da gab es für mich nun nicht mehr den Hauch eines Zweifels!

Ich wollte mich für all diese angenehmen Aufmerksamkeiten revanchieren und bot ihm an, ihn mit dem Taxi vom Hauptbahnhof bis zu seiner Wohnadresse mitzunehmen, da das auf meinem Weg läge. Er willigte sofort ein. Im Taxi fragte er mich, ob er mich während meines Aufenthaltes in Bremen denn mal anrufen könnte oder ob das stören würde. Mais non, warum denn? Gar kein Problem! Ich gab ihm beherzt die Festnetznummer meiner Mutter und zusätzlich meine Handynummer.

Als ich bei meiner Mutter ankam, erzählte ich ihr sogleich, dass ich auf meiner Zugreise mal wieder eine interessante Bekanntschaft gemacht hätte! Meine Mutter wunderte inzwischen nichts mehr …

Ich schaute dann sogleich in das Bremer Telefonbuch, um zu erforschen, ob man da anhand seines Namens wohl mehr erfährt und ob meine Ahnung richtig war und siehe da: Ich hatte Recht, dort standen sein Name und ein anderer Name, nämlich Martin Andra.

Ich verbrachte dann eine wunderbare Woche mit meiner Mutter. Was mich wunderte, war, dass meine neue Zugbekanntschaft jeden Mittag bei meiner Mutter zu Hause anrief, um Hallo zu sagen.

Vielleicht wollte er prüfen, ob ich schon ins Telefonbuch geschaut und die Sache mit seinem Lebensgefährten entdeckt hätte? Ich würde mir doch nie etwas anmerken lassen, ist doch so alles völlig in Ordnung! Mit 43 Jahren Lebenserfahrung checkt man die Lage halt von der ersten Minute an!

Beim dritten mittäglichen »Hallo-Anruf« teilte er mir genau mit, wann die Dienstreise nach Brüssel geplant war, und zwar am Tag der Verliebten, am 14. Februar!

Ich dachte sogleich: Da will er den armen Freund am Valentinstag alleine lassen und nach Brüssel reisen? Nun gut, ich brauchte ja nichts zu befürchten!

Am 12. Februar 2004 fuhr ich planmäßig nach Brüssel zurück. Als ich in Köln Hbf umstieg, bekam ich eine Nachricht von ihm auf mein Handy: Gute Reise, ich freue mich unglaublich auf unser Wiedersehen am 14. Februar und kann es kaum mehr erwarten! Wo soll ich Dich denn um 20:00 Uhr in Brüssel abholen?

Wir verblieben so, dass er mich am 14. Februar um 20:00 Uhr von der Kanzlei, in der ich arbeitete, abholen sollte.

Am 14. Februar ging um punkt 20:00 Uhr die Klingel der Kanzlei. Da ich als Abendsekretärin auch den Empfang besetzte, drückte ich den Türöffner und wartete, bis er mit dem Fahrstuhl im dritten Stock des Gebäudes angekommen war.

Als ich die Tür der Kanzlei öffnete, kam er mit weit ausgebreiteten Armen auf mich zu und drückte mich gefühlte fünf Minuten an sich. Meine Güte, was will der mir denn hier beweisen? Valentinstag hin, Valentinstag her, aber nun ist ja mal gut ... Egal, ich werde noch im Laufe des Abends klären, dass er sich bei mir ganz offen geben und ruhig sagen kann, dass er mit einem Mann zusammenlebt.

Außerdem habe ich einen Freund, das ist ihm ja bekannt, also wozu dieser erhöhte Energieverbrauch?

Wir gingen dann in ein spanisches Restaurant im Europaviertel zum Dinner. In Brüssel ist es so, dass 14. Februar in jedem Restaurant die Valentinstag-Menüs ausliegen, die mit unzähligen roten Herzen dekoriert sind. Ich meinte zu ihm: »Na ja, verliebt sind wir ja nicht, deswegen scheidet das Menü für Verliebte ja schon einmal aus.«

Tja, zugegeben, das war Holzhammermethode vom Allerfeinsten, aber irgendwie musste hier doch einmal Klarheit geschaffen werden …

Er schaute mich ein wenig irritiert an, wandte sich dann aber wieder der neutralen Speisekarte zu.

Es kam dann der erste Gang, dann der zweite, er redete über das tolle Hotel, das er für heute Nacht gebucht hätte und dass ich nachher noch auf einen Absacker mitkommen könnte. Er sprach nur nicht über sein Privatleben, obwohl ich ständig versuchte, ihn verbal irgendwie dorthin zu lotsen. Das war ja wirklich ein ganz hartnäckiger Fall!

Als der dritte Gang kam, ging ich zum verbalen Frontalangriff über, also, wenn das so weitergeht, dann ist noch beim Dessert die Situation »nach allen Seiten hin offen«:

»Ich finde das ja wirklich schön, dass wir uns heute wiedersehen, aber du kannst mir langsam ruhig sagen, dass du mit einem Mann zusammenlebst, ich finde homosexuelle Männer nämlich sehr angenehm! Die sind den Frauen gegenüber auch viel aufmerksamer als manche Heteros! Mein bester Freund, den ich übrigens schon seit 12 Jahren kenne, der ist auch schwul und ich genieße immer wieder, dass ich mit dem über alles reden kann!«

Er schaute mich völlig entgeistert an.

»Andrea, was lässt dich denn annehmen, dass ich schwul bin?«

»Mmh, nun ja, ich gebe zu, ich habe in das Telefonbuch geschaut und gesehen, dass du mit einem Martin Andra lebst. Ich finde das auch richtig klasse, dass du dich offen dazu bekennst, da kenne ich leider noch andere Fälle, die nicht dazu stehen!«

»Wie bitte? Dann hast du das aber völlig falsch interpretiert, das ist ein Frauenname, im Telefonbuch wird nämlich immer der Nachname zuerst genannt und dann der Vorname, sie heißt Andra Martin.«

Prost Mahlzeit also, in meinem Kopf war nun ein »Salto mortale« an verschiedenen Gedanken, jetzt irgendwie die Contenance bewahren und ganz schnell aus der Nummer herauskommen, aber erst einmal musste die erste Wut heraus. In Sekundenschnelle wurde aus Andrea der absoluten »Schwulenversteherin« die Andrea, die sich nun sofort auf die Seite der Lebensgefährtin schlug (was tut man nicht alles aus dem Stand, um die eigene Blamage irgendwie zu kompensieren, Flexibilität ist bekanntlich alles) und wie ein Pitbull an zu »bellen« fing: »Ach, das finde ich ja unglaublich. Da lebst du mit einer Frau zusammen, zimmerst dir eine Dienstreise zurecht und baggerst mich hier seit fast zwei Stunden schamlos an, obwohl du weißt, dass ich einen Freund habe! Du solltest dich wirklich schämen. Da sitzt die Andra nun zu Hause, denkt, dass du noch schwer am Arbeiten bist und dann das – das ist ja unterirdisch!«

»Warum bist du denn mitgegangen?«

»Das habe ich dir doch gerade gesagt, weil ich davon ausgegangen bin, dass du schwul bist, in einer Beziehung mit einem Mann lebst und wir ein ganz normales Abendessen miteinander einnehmen werden. Nicht mehr und nicht weniger!«

Ich war hin- und hergerissen von einer grenzenlosen Wut über mich selbst (alleine diese Blamage, der denkt jetzt bestimmt: »Typisch Blondine, unfähig, das Telefonbuch korrekt zu interpretieren und dann noch meckern«) und Verachtung über seine Unverschämtheit, zu denken, er könne mich »abschleppen«. Was hatte ich denn da nur wieder für unkontrollierte Signale während der Zugfahrt ausgesandt?

Ich glaube, ich brauche nicht besonders hervorzuheben, dass der Abend innerhalb der nächsten 7 ½ Minuten beendet war und wir uns nie mehr wiedergesehen haben …

Aber eins hat das Ganze ja gebracht: Zwar irgendwie rettungslos blamiert, aber telefonbuchtechnisch macht mir keine(r) mehr was vor!

Im Namen der Kunst

Da ich mit Jésus seit 2000 zusammen war, ging ich oft nach Feierabend in seine Bar im Europaviertel, mal alleine, mal mit Freundinnen und/oder Kolleginnen. Die Stimmung dort war immer ausgelassen, die Tapas schmeckten mir und für mich war das immer ein schöner Ausklang des Tages!

Eines Tages saß dort im Sommer 2002 ein ca. 56-jähriger Mann, bei dem man deutlich sah, dass er – obwohl sich die Genusslinien aller weltlichen Verführungen auf seinem Gesicht ausgebreitet hatten – einmal richtig interessant ausgesehen haben muss. Leider hatte er an diesem Abend schon kräftigst dem spanischen Wein gefrönt, er machte eine überaus ärgerliche Miene und war ganz und gar nicht *»gut drauf«*, sodass ich dachte: »Mensch, den möchte ich mal ganz nüchtern sehen, dann kann man bestimmt eine interessante Unterhaltung mit ihm führen. «

Am nächsten Tag sah ich ihn Mittags in der Bar von Jésus, nüchtern (Hurra!) und nicht so verärgert wie einen Abend zuvor! Als er mich mit meiner mitgekommenen Kollegin Deutsch spreche hörte, meinte er: »Ach, auch aus Deutschland? Aus dem Norden, oder? Das höre ich doch sofort! Ich heiße übrigens Mario.«

Tja, und so entwickelte sich eine lange Konversation. Es stellte sich heraus, dass er in München geboren war, sich dann von der Familie mit 30 Jahren abgesetzt hatte, gelegentlich bei Filmproduktionen mitgewirkt hatte und nun seit acht Jahren auf Amorgos lebte und Kunstmaler war.

Gegenüber von der Bar hatte er in einem irischen Pub unter dem Dach einen Raum gemietet, in dem er seine Werke ausstellte. Das war doch äußerst interessant! Seine Aufforderung, doch mal in der Galerie vorbeizukommen, ließ nicht lange auf sich warten.

Meine Kollegin (gebürtige Hamburgerin, die seit langem in Belgien lebte) war – im Gegensatz zu mir – gar nicht begeistert und raunte mir zu: »Willst du da morgen echt hingehen? Und Jésus? Also, ich würde das nicht machen, das ist ein Lebemann, wie er im Buche stehe, nee, da wäre ich ganz vorsichtig! Und das geschieht dann alles im Namen der Kunst … Also, ich mag den nicht.«

»Ja, meine Güte, ich bin in seine Galerie eingeladen, nicht in sein Schlafgemach! Klar, er ist ganz schön verlebt, aber bei dem sind das »Genusslinien«, der hat sicherlich alles in vollen Zügen genossen, das ist doch völlig in Ordnung! Immer leben und leben lassen, so sind die Künstler nun einmal!«

»Ich wusste ja gar nicht, dass du so sehr an Kunst interessiert bist!«

»Also, du bist aber auch eine … Ich habe noch nie einen Kunstmaler persönlich kennengelernt, ich finde das interessant und auch bereichernd! Ich bin mal gespannt, was für eine Art Bilder der malt! Lass mich doch! Das ist doch auch ein schöner Ausgleich zu der manchmal doch sehr drögen Arbeit in der Kanzlei!«

Am nächsten Tag ging ich dann nach Feierabend in die Galerie. Die Bilder von Mario waren riesig und eigenwillig, aber auch sehr ausdrucksstark und besonders!

Manche waren ein wenig düster, da musste man schon ein gerütteltes Maß an Optimismus aufweisen, um bei längerem Betrachten nicht in ein »Tal der Tränen« zu fallen ...

Wir tranken dann ein Glas Champagner und unterhielten uns darüber, dass er demnächst eine Vernissage im Dorint Hotel abhalten würde. Auch hier folgte die Einladung auf dem Fuße – ich komme, keine Frage!

Kurzum: Wir freundeten uns an, wobei ich aber gleich klar machte, dass ich fest mit Jésus zusammen war und »bodenkürkünstlerisch« bei uns nichts laufen würde!

Mario konnte nicht umhin, ein paar verbale Pfeile bezüglich Jésus abzuschießen: »Ja, das habe ich doch schon gemerkt, dass ihr zusammen seid! Der redet doch von nichts anderem mehr! Ganz egal, ob die Leute das hören wollen oder nicht. Ach, ja, die Latinos, die müssen gleich ihr Revier abstecken. Ich habe ihm neulich gesagt, dass ich dich unheimlich attraktiv finde, da hat er mich erst einmal eine Stunde nicht bedient, obwohl ich direkt vor ihm hinter dem Tresen saß, darüber kann ich doch nur lachen ... Aber, man muss auch gönnen können, das wurde auch mal Zeit, dass eine vernünftige und interessante Frau wie du seinen Weg kreuzt!«

Danke vielmals, das ist ja beruhigend!

Im Spätsommer 2002 besuchte Mutti mich wieder in Brüssel. Ich hatte ihr schon am Telefon viel von Mario erzählt und sie war natürlich auch gespannt darauf, ihn mal persönlich kennenzulernen.

»Na, ich hoffe ja, der ist vernehmungsfähig, wenn ich den mal in Brüssel zu Gesicht bekomme, der scheint ja oft »unter Strom« zu sein, das ist ja irgendwie nicht so angenehm! Mit so einem angeknockten Heini kann man ja nicht vernünftig reden, wenn die Zunge dann auf Holzpantoffeln geht! Das muss man sich mal vorstellen, wie verrückt die Welt doch ist, das ist ja »Ball verkehrt«: Jésus hat ein Restaurant und eine Bar, sitzt sozusagen an der Quelle und ist knochennüchtern und der andere schüttet sich oftmals ohne Sinn und Verstand zu ...«

Als wir im September vor der Bar von Jésus zu Mittag aßen, kam Mario vorbei, und zwar vernehmungsfähig! Er war sogleich amüsiert von Muttis direkter Art und ihrem kecken Blick, wie er mir später berichtete.

»Ihre Tochter hat mir schon Einiges von Ihnen erzählt, so ganz unbekannt sind Sie mir also nicht mehr!«

»Ach, her je, und dann reden Sie noch so unbelastet mit mir?«

»Ich mag Menschen mit Ecken und Kanten. Wenn Sie Lust haben, dann kommen Sie doch heute Nachmittag mal in meine Galerie direkt gegenüber. Sie müssen allerdings eine sehr steile Treppe, aber wie ich Sie einschätze, ist das für Sie doch kein Hindernis, oder?«

»Na ja, ich wünschte, meine Beine hätten die tolle Beschaffenheit meines Magens, dann hätte ich den vierten Gang drin, aber das bekomme ich mit Hilfe meiner Tochter schon hin!«

Mutti erklomm nun des Nachmittags gegen 16:00 Uhr die Stiege zur Galerie, allerdings mit einigem Gemurre: »Sag mal, hier kommt der immer mühelos hoch, auch wenn er 1,8 Promille hat? Das ist ja ein Ding, und stell dir mal vor, wenn er dann wieder runter muss – hier fällt man ja fast schon nüchtern auf die Schnau...«

Oben angekommen ließ sie erst einmal ihren berühmten »360-Grad-Blick« durch die Galerie schweifen.

Es dauerte nicht lange und da fiel ihr eines der düsteren Bilder auf (fast nur Grautöne, sozusagen »Endzeitstimmung pur«): »Also, Mario, was haben Sie denn da für eine Stimmung gehabt, als Sie das gemalt haben? Hatte Ihnen da gerade eine Frau den Laufpass gegeben? Mensch, wenn ich das in meinem Wohnzimmer hängen haben würde, dann würde ich mich nur noch besaufen!«

Mario konnte sich nicht mehr halten vor Lachen, so etwas

hatte ihm eine Frau dieser Altersklasse offensichtlich noch nie so direkt gesagt.

Er entgegnete: »Ja, so falsch liegen Sie da nicht, zu der Zeit hatte ich eine sehr schwierige Phase, sowohl finanziell als auch ideell, so eine Art »Midlife-Crisis«. Aber jetzt, wo ich Sie sehe, werde ich sicherlich auch Bilder malen, die mehr dem Optimismus frönen, wer weiß, wenn Sie das nächste Mal kommen, werden Sie vielleicht erstaunt sein, was für lebensbejahende Bilder in der Zwischenzeit entstanden sind! Also, Ihre Tochter hat eigentlich noch stark untertrieben, als sie Sie geschildert hat, für mich sind Sie der absolute Kracher, das muss ich mal sagen! Das macht ja richtig Mut, Älterwerden scheint doch nicht so schlimm zu sein!«

Mutti war nun auf Wolke Nr. 7 (oder ging das schon deutlich in Richtung Nr. 8?): »Also, das geht mir ja jetzt runter wie Öl. Für Sie krabbel ich da gerne noch mal die Hühnerleiter hoch, so ein Kompliment hört man ja nicht alle Tage, und dann noch von einem Künstler! Meine Tochter hat hingegen ein wenig übertrieben, als sie Sie geschildert hat! So verlebt und durch's Wasser gezogen sehen Sie ja gar nicht aus, das habe ich mir viel schlimmer vorgestellt. Gut, Sie könnten für meinen Geschmack ein wenig gepflegter sein, aber das ist ja alles eine Frage der Einstellung!«

So Mutti, jetzt ganz ruhig, tief Luft holen und Kraft schöpfen, denn gleich geht es die steile Stiege wieder runter und bei mir zu Hause kannst Du was erleben ....

Alexander und Mutti Gerda

Meine Mutter hatte ja 1993 die Verbindung zwischen Alexander und uns im Mariott-Hotel hergestellt.

Während meiner Zeit in Brüssel von 1999 bis 2008 sahen sich Mutti und Alexander regelmäßig in der Bremer Innenstadt und Mutti brachte ihn dann »brüsseltechnisch« auf den neuesten Stand über meine Entwicklungen. Ich war – das muss ich zugeben – durch mein Leben »à la belge« recht abgelenkt, sodass ich lediglich zwei Mal die Woche bei ihm anrief. Ich berichtete dann über den Kanzleialltag, aber natürlich nicht über mein Herumgaloppieren durch das vielseitige und pulsierende Brüsseler Nachtleben, denn man weiß ja, wann man schweigen muss ...

Anfang März 2008 nach meiner Rückkehr nach Bremen intensivierte sich damit auch wieder die Freundschaft zwischen Alexander und mir. Es wurde dann zur Tradition, dass wir jeden Samstag zu Dritt zum Mittagessen gingen.

Schon die Begrüßung von Mutti und Alexander war reif für die Bühne: »Na, Gerda, hast du wieder deinen Parteihut auf? Der ist ja wieder köstlich! Verrate mir doch mal das Geschäft, in dem du solche herrlichen Hüte findest! Bekommst du da schon einen kräftigen Rabatt?«

»Mensch, Alexander, du bist ja leicht zu unterhalten, gut zu wissen! Das hätte ich nie gedacht, dass ich einen Mann mal so amüsieren werde, nur, weil ich einen »Deckel« auf dem Kopf habe ...«

Im Herbst und Winter frönte Mutti nämlich begeistert der Hutmode und hatte zumeist ein keckes Hütchen oder eine nicht minder freche Mütze auf dem Kopf.

Wenn sie dann – bestens behütet – ganz konzentriert mit

der Nahrungsaufnahme beschäftigt war, beobachtete Alexander sie oftmals belustigt von der Seite.

Mutti, bekanntlich mit dem Rundumblick ausgestattet, der ihr ja schon in Europas Hauptstadt viel Bewunderung eingebracht hatte, bemerkte das: »So, Alexander, nun guck mal wieder auf deinen Teller, sonst wird deine Hühnersuppe kalt, meinen Anblick kennst du doch wohl zur Genüge!«

Während bei Alexanders gemäßigtem Appetit zuweilen ein Kinderteller völlig ausreichend gewesen wäre, erledigte Mutti in einer sagenhaften Schnelligkeit zunächst einen Fernfahrerteller und verlangte – nach einer minimalen Verschnaufpause von höchstens 20 Minuten – sodann nach Kaffee und Kuchen!

Alexander konnte es gar nicht fassen: »Mensch, Gerda, wie machst du das nur?Normalerweise müsstest du durch keine Tür mehr passen ... Entweder schleust du das so durch oder da sind Legionen von Bandwürmern bei dir am Wirken, sonst ist das ja in deinem Alter nicht möglich! Deine Magensäfte müssen doch aufschreien vor Entsetzen!«

Mutti hatte – das ist nicht schwer zu erraten – sogleich die passende Gegenbemerkung parat: »Ich esse halt gerne und du schüttest dafür den Rotwein in dich hinein, das könnte ich nun wieder nicht, da könnte ich vor lauter Sodbrennen gar nicht mehr aus den Augen gucken. Sex im Alter ist bekanntlich gutes Essen, das ist doch hinlänglich bekannt! Bei dir ist Sex im Alter eben guter Rotwein!«

Die beiden saßen zumeist nebeneinander auf der Sitzbank mir gegenüber und irgendwie sah man gar nicht auf den allerersten Blick, dass zwischen ihnen ein Altersunterschied von immerhin 17 Jahren lag.

Daher ließ ich mich eines Tages – sogar noch vor dem obligatorischen Glas Sherry nach dem Essen (»Herr Ober, aber bitte doppelt geschenkt!) zu folgender Bemerkung hinreißen: »Das ist ein herrlicher Anblick, wie ihr da sitzt, fast wie nach der feierlichen Bekanntgabe der überraschenden Verlobung!«

Während Mutti meinte »Du hast ja einen Vogel«, ließ der Protest von Alexander auch nicht lange auf sich warten: »Na, sag mal, wen willst Du denn unglücklich machen? Gerda ist doch viel zu alt für mich! Außerdem ist ja für jeden halbwegs normalen Menschen sofort sichtbar, dass ich viel jünger als Gerda bin! Wer jemals annehmen würde, dass Gerda meine Verlobte oder Frau ist, der muss den Hut ja wirklich mit dem Dampfhammer aufsetzen!«

Natürlich, ist schon klar!

Wenn man die beiden gegenüber so betrachtete, dachte man schon ein wenig an die berühmte Galerie in der Muppets-Show. Dies blieb natürlich auch den anderen regelmäßig kommenden Gästen nicht verborgen und es fiel umgehend auf, wenn einer von unserem »Trio« mal nicht anwesend war.

Als Mutti an einem der Samstage nun ausnahmsweise zu Hause geblieben war, kam ein sehr gepflegter älterer Herr an unseren Tisch und meinte zu Alexander gewandt: »Na, hatte Ihre Frau, die Ihnen immer so herrlich Kontra gibt, heute mal keine Lust und ist zu Hause geblieben?«

Ich muss in diesem Zusammenhang zweierlei erwähnen: Alexander war sprachlos, und das kommt nun wahrlich nicht oft vor – und: Der nette Herr hatte einen eleganten Hut auf – aber wo war nur der Dampfhammer?

Therapie mit Paul Magnum

Als Mutti im Sommer 2010 ihren zweiten Oberschenkelhalsbruch erlitt, bekam sie eine Anschlusstherapie: Zwei Mal wöchentlich sollte ein Krankengymnast zu ihr nach Hause kommen, um sie wieder auf die Beine zu bekommen! Mutti meinte: »Na, da muss man erst hinfallen, um mal wieder in den Genuss männlichen Hausbesuchs zu kommen!«

An einem Dienstag im Juli sollte – nennen wir ihn mal Paul – zum ersten Mal bei Mutti eintreffen. Ihr informativer Anruf ließ – selbstmurmelnd – nicht lange auf sich warten: »Also, Andrea, das ist ja einer – als der in den 1. Stock zu mir die Treppe hochkam, habe ich gedacht, der ist Animateur auf Hawaii und bespaßt reiche weibliche Feriengäste: Braungebrannt, dunkle glatte Haare, Schnauzer, buntes Hemd, tolle Figur – das war Thomas Magnum für fußkranke Rentnerinnen! Köstlich! Der hat ja einen gemütlichen Job – bevor wir mit den Übungen loslegten, hat er sich erst einmal in einen meiner Sessel gesetzt. Dann hat er dein großes Foto an der Wand inspiziert – sehr wohlwollend! Ich habe ihm gesagt: »Die ist schon vergeben, die hat so einen spanischen Wonneproppen!« Daraufhin sagte er: »Ach, schade, was hat er, was ich nicht habe?« Ich wollte erst sagen: »Die schönen dunklen Locken«, aber ich habe mich zurückgehalten, damit endlich mal die Übungen losgehen können! Ich musste mich dann über meinen eigenen Sessel lehnen und ein Bein leicht anwinkeln etc., na, ob das was für meine ollen Daddelbeine bringt ... Schauen wir mal. Die ganze Chose soll zunächst acht Mal über die Bühne gehen und dann sieht man weiter!«

Mutti war allerdings jedes Mal amüsierter von ihrem

»therapeutischen Paradiesvogel«: »Der hat die Ruhe weg und das ist vielleicht ein Schwerenöter – der hat schon zwei uneheliche Kinder. Das ist auch so einer, dem können die Frauen nicht böse sein. Wir unterhalten uns schon, als ob wir uns jahrelang kennen! Mensch, und das wird von der Krankenkasse finanziert – wenn die wüssten, dass wir erst einmal fast eine halbe Stunde klönen, bevor es dann losgeht ... Also, das steht mal fest: Unter Druck steht der nur frauentechnisch, aber nicht in beruflicher Hinsicht!«

Nun muss man wissen, dass sich in Muttis Mietshaus im Erdgeschoss eine Steuerberatungsgesellschaft befindet, die im repräsentativen Eingangsbereich eine Glasfront hat, sodass man – wenn man unten im Treppenhaus steht – einige Angestellten sieht, die gerade über den Büroflur gehen.

Bei der vierten Anwendung machte Mutti mit ihrem »Paul Magnum« die Übung, mit Würde die Treppen zu bewältigen. Erst ging es nach unten. So kamen sie auch an der Glasfront des Steuerbüros vorbei; über den Flur schritt gerade eine gutaussehende Blondine mit wichtigen Papieren in der Hand und schaute in Richtung Treppenhaus.

In genau diesem Moment bekam unser therapeutischer Schwerenöter offenbar einen Testosteron-Schlag, denn er achtete nicht mehr auf Mutti, sondern starrte die Frau auf der anderen Seite der Scheibe an. Sie schaute zurück und öffnete schwungvoll von innen die Tür:

»Paul, Mensch, was machst du denn in diesem Haus?«

»Inga, das kann ich nicht glauben – hier arbeitest du jetzt also?«

»Ja, allerdings – wie geht es dir denn so?«

»Ich kann nicht klagen, ich habe hier eine Patientin im Hause, mit der ich – wie du siehst – Übungen mache. Wir können uns ja mal treffen und uns infomäßig auf Vordermann bringen, was meinst du? Der alten Zeiten wegen!«

»Ja, gerne! Ich habe noch deine Handynummer – ich rufe dich nächste Woche mal an!«

Die Tür ging wieder zu und nun schaltete Mutti sich ein:

»Na, Sie sind vielleicht ein Therapeut, lassen eine alte Zwiebel wie mich bald auf die ohnehin lädierten Füße fallen, weil Sie eine Ex-Mamsell gesichtet haben ... Wollen Sie da eine Neuauflage starten? Die hat das Ganze ja mit gebremstem Schaum gesehen, wenn sie Sie nächste Woche erst anrufen will, da würde ich mir aber nicht so große Hoffnungen machen!«

»Entschuldigung, ja, das war ein bisschen dumm, aber diese Frau ist genau mein Typ! Und wir hatten eine echt tolle Zeit!«

»Aha, und warum ist das damals in die Binsen gegangen?«

»Naja, da habe ich einige Fehler gemacht und war zu nachlässig, habe mich manchmal länger nicht gemeldet ... Ich weiß auch nicht ... Ich war damals zu unreif ...«

»Na, an dem Zustand hat sich aber nichts Wesentliches geändert ... So, wollen wir Beide jetzt mal nach oben stiefeln, damit Sie sich oben bei mir ein wenig runterfahren? Meine Güte, wenn bei den Männern die Haare gegen das Hemd stoßen, sind die ja wirklich nicht mehr vernehmungsfähig!«

Und die Moral von der Geschichte: Es kam nicht zu einer Wiederbelebung der Beziehung, da Inga sich nicht mehr gemeldet hatte ... Aber: Drei Monate später erfuhr Mutti, dass Paul sich in eine andere Dame verguckt hatte und wieder Vater wurde ...«

Muttis kerniger Kommentar: »Die Inga kann sich freuen,

dass sie den Schlüpferstürmer nicht wiedergenommen hat! Bei dem obergemütlichen Job muss die Kraft ja irgendwo hin ...«

Dem ist nichts hinzuzufügen!

Begegnung der »dritten Art« - oder war das vielleicht schon die vierte?

Vor ein paar Tagen war ich mit meinem besten Freund Andreas zum »Cafésieren« in der Stadt verabredet, wir kennen uns nunmehr seit 21 Jahren.

Andreas hat ein Faible für Männer und ist ein absoluter Frauenversteher, das ist immer wieder bewundernswert! Ich hatte mich auf einen ganz entspannten Kaffeeklatsch bei unserem Lieblingscafé eingerichtet, nur das Wetter spielte verrückt: Regen und Wind.

Ich bin ein ganz großer Fan des Draußensitzens, solange es irgendwie geht, und so rief Andreas mich eine halbe Stunde vor dem Treffen an, um mitzuteilen, dass wir auch bei diesem ungemütlichen Wetter gerne draußen sitzen könnten, da er seine dicke Daunenjacke mitnehmen würde.

Ich platzierte mich also um 9:30 Uhr bei gefühlten 15 Grad draußen vor dem Traditionscafé in der Bremer Innenstadt. Der Kellner konstatierte sogleich messerscharf, dass »der andere Dauerbrenner« (gemeint ist Alexander) heute sicher nicht käme, denn der würde das draußen nicht mitmachen, da er ja immer solche Angst um seine Gesundheit hätte. Richtig, 100 Punkte. Schon kam Andreas und wir brachten uns erst einmal in allen wichtigen Punkten des Lebens auf den allerneuesten Stand.

Plötzlich nahm ein ganz durchschnittlich aussehender Mann, ca. 50 Jahre alt, Halbglatze, links neben uns Platz und bestellte bei der Kellnerin einen Kaffee.

Sie kam, servierte und er wollte sogleich bezahlen. Er verblüffte die Kellnerin damit, dass er ihr einen Zehn-Euro-Schein gab und nichts davon zurückhaben wollte. Sie, Mitte dreißig, ziemlich stämmig, kinnlange braune

Haare, zierte sich ein wenig, nahm aber dann dankbar das unerwartet hohe Trinkgeld an. Er fragte sie, ob sie noch zu haben sei, sie sei ja so hübsch und er suche noch die Frau seines Lebens. Mir fiel fast der Milchkaffee aus der Hand. Sie verneinte höflich und ging nach drinnen, um dort weitere Gäste zu bedienen.

Tja, da wir mit ihm nun die einzigen Gäste waren, die draußen saßen, kamen natürlich wir an die Reihe:

Er meinte zu uns: »Also, darf ich mal etwas sagen? Ihr beide gebt ja ein wirklich hübsches Paar ab, da könnt ihr gegenseitig aber froh und dankbar sein, dass ihr jeweils so einen tollen Partner gefunden habt!«

Andreas raunte mir zu, dass er mal kurz die keramische Abteilung aufsuchen müsste, ob ich mir zutrauen würde, mit dem Typ ein paar Minuten alleine zu bleiben, man wisse ja nie, ob der – so wie der drauf war – nicht plötzlich »durchdreht«.

Ich bin da nicht so ängstlich und meinte zu ihm, er könnte sich ruhig Zeit lassen.

Der Merkwürdige fragte mich dann, ob mein Mann schon einmal hätte Gewalt anwenden müssen, um mir lästige Verehrer vom Halse zu schaffen. Er könnte alle gängigen Kampfsportarten, es wäre also kein Problem für ihn, Verteidigungsmaßnahmen einzuleiten, wenn nötig!

Ich verneinte und dachte: Hilfe, hilfe, wir verblöden, hoffentlich kommt Andreas gleich wieder ...

Es ging fröhlich weiter: Er hätte große Probleme, Frauen kennenzulernen, da er intelligent wäre und sehr gut aussehe, sozusagen das »full package« biete und das würde heutzutage viele Frauen doch leicht überfordern – na klar, mich doch auch, und zwar von der allerersten Minute an!

Da sah ich Andreas schon im Turbogang durch das Café

zurück nach draußen heranrauschen. Dem Himmel sei Dank!

Als das männliche »Komplettpaket« wieder mit der Ehepaar-Litanei anfing, klärte Andreas ihn auf und meinte: »Andrea ist meine beste Freundin, wir sind gar nicht verheiratet. Ich bin seit zwei Jahren mit einem Mann verheiratet, den ich schon seit 19 Jahren kenne!«

Gut gemacht, Andreas, die Verblüffung war so groß, dass erst einmal ein paar Sekunden Ruhe war.

Aber dann kam es noch besser: Der vom Wahnsinn »Angehauchte« wollte nun gehen und erhob sich, als ein Mitbürger mit Vollbart und flatterndem Gewand seinen Weg kreuzte. Unser schräger Sitznachbar meinte: »Bist du Araber?«

Der Vollbärtige bejahte ein wenig konsterniert.

Unser Irrer fing an: »Osama Bin Laden ist der Teufel persönlich, weißt du, aber eigentlich kann er gar nichts dafür. Ihr im Grunde auch nicht, denn ihr konntet das nicht erkennen, aber ich will dir das gerne erklären!«

Daraufhin meinte der Bärtige: »Du direkt kommen aus der Klapse Bremen-Ost und kannst nichts dafür, oder? Gehen ganz schnell zurück dort!«

Donnerwetter, äußerst verbesserungswürdige Deutschkenntnisse, aber eine Kombinationsgabe und eine Schnelldiagnose von Gottes Gnaden. Dass sich die Glaubenskontroverse mal in Kurzform live und zum Glück friedlich vor meiner Kaffeetasse abspielt, hätte ich nie gedacht!

SEK bei Alexander

Ich sollte Alexander an einem Septembertag 2014 um 12:00 Uhr von seinem Büro abholen und unten klingeln. Wir wollten zusammen zu Mittag essen, was ja schon Tradition geworden war.

Ich stand also in voller Vorfreude auf ein schönes Mittagessen mit einem anregenden Weinchen um punkt 12:00 Uhr unten vor dem Haupteingang und klingelte. Er kam dann auch nach ca. 8 1/2 Minuten runter und da fiel mir doch gleich auf, dass die Nase von ihm heute besonders spitz und blässlich war. Er erzählte mir, dass er die Tür hinter sich zugeschlagen hätte und nun der Schlüssel drinnen im Schloss stecken würde. In der Zwischenzeit ging nun auch die Haupttür unten zu und blieb verriegelt, sodass er in seinem zerknitterten Columbo-Regenmantel nun vollends ausgesperrt war.

Was nun, Frau Huhn? Das war's, Frau Schnaars ...

Wir klingelten erst einmal an allen Klingelknöpfen unten, damit wir überhaupt in das Haus kommen – Fehlanzeige, alle übrigen im Haus befindlichen Firmen hatten anscheinend schon Feierabend – Prost Mahlzeit ... Zum Glück hatte ich ja das mit, was er ansonsten am meisten verpönt – mein Handy!

Einen Schlüsseldienst wollte er nicht kontaktieren, da der sehr teuer ist und »diese Grobmechaniker ihm dann die schöne Tür oben kaputtmachen würden«.

So rief ich dann beherzt die Nummer von der Feuerwehr an und hielt ihm das Handy ans Ohr. Die Feuerwehr war sofort einverstanden, diesen Einsatz zu machen, da er auch kleinlaut bemerkte, dass der Herd – so glaubte er – noch an sei, da dort ein Elixier vor sich »hinköchelte«.

Au weia, das war aber nun wirklich das volle Programm!

Wir warteten dann auf dem Blumenmarkt an der Hinterfront des Hauses in der Sögestraße und ich dachte schon:

»Na, die Leute haben ja gleich was zu gucken, wenn die Feuerwehr da oben in den sechsten Stock durch das kleine – zum Glück offengelassene – Küchenfenster bei Alexander einsteigen muss!«

Außerdem fiel mir siedend heiß ein, dass ein sehr geschätzter Ex-Kollege von mir des Mittags gerne für seine Familie bei einem bayrischen Delikatessengeschäft direkt am Blumenmarkt einkauft – wenn der auch noch vorbeikommt und das Szenario vorfindet, dann bin ich aber in ganz schöner Erklärungsnot!

In der Zwischenzeit erzählte Alexander mir, dass er auch seine (immerhin angemeldete) Waffe, die zu seiner Sicherheit dienen soll, auf die Kommode gelegt hat – das würden die dann ja sehen. O-Ton: »Hoffentlich finde ich schnell die Berechtigungskarte zum Waffenbesitz, wenn die mir da irgendwelche Probleme machen.«

Tja, auf ein Mittagessen hatte ich mittlerweile null Appetit und raufte mir vor Schreck die langen, eben noch gut frisierten Haare ... Heute ist doch gar nicht Freitag, der 13. ... Was ist denn nur los?

Nach zehn Minuten kamen dann vier fesche Feuerwehrmänner in einem Riesenwagen und ein Polizeiwagen mit zwei Polizistinnen, eine der weiblichen Beamtinnen hatte exakt die Höhe von Alexander (1,58 cm Selbstbewusstsein am Stück).

Der Einsatzleiter der Feuerwehr war ein echter Hingucker und sooo nett, mit dem wäre ich am liebsten sofort auf die Leiter gestiegen, und zwar ohne Netz und doppelten Boden ...

Zunächst mussten die Blumenhändler aber ihre Ware um mindestens fünf Meter nach hinten versetzen, damit der Feuerwehrwagen dort richtig stehen konnte – meine Güte, war das ein »Hallo«! Dann ging es endlich los und drei Feuerwehrleute wurden mit dem Kran nach oben zu dem kleinen Fenster gefahren.

Zu meiner linken Seite stand Alexander (mittlerweile gefühlte 1,49 m) und sagte im Vier-Minuten-Takt: »Meine Nerven ..., ich glaube, ich habe gar keine mehr.«

Tja, und wer erkundigt sich mal nach meinem mittlerweile zerfetzen Nervenkostüm?

Der Einsatz war dann ziemlich schnell zu Ende, denn die Feuerwehrmänner kamen auf der anderen Seite des Hauses mit dem Schlüssel in der Hand durch den Haupteingang!

Dann hatte eine der Polizistinnen ihren Auftritt, als sie Alexander einen bühnenreifen Vortrag hielt: Er hätte nächstes Mall gefälligst den Schlüsseldienst zu rufen, damit sie ihren Job machen könne und hier nicht herumstehen müsse und wertvolle Zeit verlorenginge ….

Alexander hatte anscheinend sein Nervenkostüm in voller Stärke wieder zurück.

Seine kühne Antwort ließ nicht lange auf sich warten: »Wieso diese Verärgerung, wenn ich euch mal anrufe, wenn hier am Abend in der Sögestraße die Fenster von den Juwelierläden eingeschlagen werden, seid ihr doch auch nie da, sondern spielt lieber Karten auf der Wache, ich weiß doch Bescheid!«

Recht hat er ja, aber ich dachte, wenn das so weitergeht, muss ich den heute noch auslösen – aber von was?

Tja, um 13:30 Uhr saßen wir dann endlich im Restaurant und haben uns erst einmal einen ganz trockenen Riesling und den Lachs gegönnt! Den haben wir uns aber auch mehr als verdient!

Am selben Abend bedankte Alexander sich noch einmal per Telefon bei mir für meinen Support und sagte dann einen herrlichen Spruch, der mich vor Lachen leicht verzögert in den Schlaf kommen ließ: »Gute Nacht, ihr blöden Sorgen, fasst mich an die Füße, wir sehen uns eh wieder morgen!« ...

»Senioren-Stalking« im Traditionscafé

Es war Ende Oktober 2014 und anscheinend leider vorbei mit dem spätsommerlichen Wetter – es nieselte seit dem frühen Morgen vor sich hin! Wie konnte man den Tag retten und ihm doch etwas Angenehmes abgewinnen? ..... Na klar, durch ein ansprechendes Mittagessen und angeregte Gespräche mit einem langjährigen Freund! Wenn es nicht schön ist, dann muss man sich das schön machen!

So holte ich Alexander um 11:30 Uhr von seinem Büro ab. Als wir uns im Restaurant einen Platz suchten, bekam eine ältere Dame von ca. Mitte siebzig sehr, sehr große Augen, als sie ihn sah.

Während sie ihn mit Blicken nur so bombardierte, aß sie den Rest ihrer Sahnetorte auf und ging dann beherzt zum »Angriff« über, indem sie an unseren Tisch kam:

»Ach, wie schön, dass ich Sie mal persönlich treffe, Sie spielen nämlich in der absoluten Lieblingssendung meines Sohnes mit! Wenn ich dem das nachher erzähle – das glaubt der mir gar nicht, also ich hätte schon gerne Ihre Autogrammkarte, um ihm das zu beweisen – das ist ja eine tolle Überraschung!«

Alexander und ich sahen uns an. Wir waren sehr hungrig, vielleicht ist das logische Denkvermögen dann ein wenig eingeschränkt, aber hier musste man noch einmal höflich nachhaken.

»Welche Sendung meinen Sie denn?«

»Na, »Neues aus Büttenwarder« mit dem Hauptdarsteller Peter-Heinrich Brix, das sind Sie doch, oder?«

Alexander schaute mich fragend an.

»Ach, Alexander, jetzt weiß ich, die Dame meint die Sendung aus Norddeutschland, die auf dem Lande spielt«.

Alexanders Miene wurde nicht freudiger: »Was, etwa »Bauer sucht Frau«? Wie kann man mich mit so etwas Trivialem nur in Verbindung bringen?«

»Nein, sie meint eine andere Sendung, die auf Nord 3 läuft.«

Die Dame nutzte unsere vorübergehende Verwirrung und schon war ich an der Reihe: »Ich hab ja heute ein Glück, Sie sind doch die Gundula Gause von dem Klaus Kleber, oder? Haben Sie eine neue Frisur? Die steht Ihnen viel besser als die alte!«

Na, die brauchte aber wirklich eine Brille, dachte sie wirklich, ich wäre die Dame vom »heute Journal« mit Haarverlängerung? Frau Gause hat wenigstens immer ein Konzept, also, ich habe langsam keines mehr ...

Wir klärten die Dame nun freundlich auf, dass wir weder das eine noch das andere waren, aber sie gab nicht auf.

Es war irgendwie drollig, wie sie dastand mit ihren gekräuselten silbergrauen Löckchen, durch die man fröhlichst hindurchschauen konnte. Sie nestelte an ihrer Handtasche herum und setzte nun eine Brille auf. Die würde ihr hoffentlich zu dem nötigen Durchblick verhelfen, aber das Gegenteil war leider der Fall: »Ach, entschuldigen Sie, jetzt sehe ich Sie besser – natürlich! Hätte ich doch schon vorher die dumme Brille aufgesetzt … Sie sind doch der Sänger aus Hamburg, der Stefan Gwildes!«

Alexander lief nun zur Höchstform auf: »Also, gnädige Frau, nun müssen Sie sich aber mal entscheiden: Welche Autogrammkarte hätten Sie denn nun gerne, in meiner linken Tasche sind die Karten für den Fall, dass man mich für einen Schauspieler hält und in meiner rechten die Karten für den Fall, dass ich mit einem Sänger verwechselt werde.«

Ich konnte mich fast nicht mehr halten und hoffte insgeheim, dass Alexander jetzt auch den entsprechenden Einsatz zeigte und den Anfang eines Operettenliedes anstimmt, denn normalerweise neigt er dazu, aber am heutigen Tag fehlte dann wohl der Pegel »erstklassigen Rotweins«, der oftmals Auslöser für seine improvisierten Sangeskünste war!

Eine Freundin berichtete mir einmal, dass sie in den 80er-Jahren oftmals Zeugin war, wenn Alexander sich bei einem Nobelitaliener in Bremen nach dem dritten oder vierten Glas Rotwein vom Platz erhob, sich an die eine Seite des Tisches stellte und ein Operettenlied schmetterte.

Ich hätte gerne das Gesicht seiner heutigen »Verehrerin/Veirrten« gesehen, wenn er so agiert hätte!

Die betagte Dame war nun doch ein wenig beschämt, dass sie sich so geirrt hatte. Sie zeigte uns dann mit schwärmerischem Blick Autogrammkarten von Sängern und Schauspielern aus den 50-er und 60-er Jahren, die sie liebevoll und fein säuberlich in ihrer Brieftasche in einer Klarsichthülle aufbewahrt hatte!

Alexander »outete« sich nun, damit sie endlich mal den Durchblick bekam. »Das ist ja wirklich toll, dass Sie das alles so liebevoll aufbewahrt haben. Also, um das Geheimnis jetzt mal bezüglich meiner Person zu lüften: Ich bin Astrologe und Esoteriker und praktiziere seit 38 Jahren!«

»Wirklich? Also, das gibt es doch nicht, jetzt macht es bei mir aber »Klick«! Sie hatten doch damals die vielen Hollywoodschauspielerinnen wie Audrey Landers, Zsa Zsa Gabor und Terri Garber in Bremen zu Gast – das ging ja durch die ganze Presse. Ich hätte Sie gar nicht erkannt. Sie haben sich ja doch ganz schön verändert, na ja, bei den vielen Frauengeschichten ist das ja auch kein Wunder, die gingen ja damals in ganz Bremen herum … Sie müssen ja früher mal ein ganz Schlimmer gewesen sein!«

Alexander war endlich sprachlos – für gefühlte dreieinhalb Minuten! Respekt, gnädige Frau, das hatte ich in 21 Jahren Freundschaft noch nicht geschafft …

Aber dann: »Ach, gegen die blonde Dame, die mir hier gegenüber sitzt, bin ich ein Klosterbruder, was meinen Sie, was die schon alles so hinter sich hat, die ist bloß viel raffinierter als ich und deshalb gingen ihre amourösen Abenteuer praktisch an der Presse vorbei!«

Meine Güte, wenn ich das heute Morgen geahnt hätte, wäre ich wohl doch lieber zu Hause geblieben …

Nun wandte sich die Dame wieder mir zu: »Da haben Sie aber Glück, dass Sie so einen toleranten Mann haben, der Ihre Vergangenheit so locker hinnimmt!«

Unser Veto kam fast gleichzeitig, das wurde ja immer verworrener!

»Wir verheiratet? Niemals, dann wären wir schon lange geschieden! Nein, nein, wir kennen uns seit über 21 Jahren und haben eine sehr innige Freundschaft!«

Alexander bewegte sich verbal nun in Richtung »normale Tagesform«. »Wenn man heutzutage heiratet, sollte man das Geld für die Scheidung besser schon zurückgelegt haben, es gibt nur ganz wenige Ehen, die lange halten! Viele empfinden den Ehepartner nach ein paar Jahren so unangenehm wie das Messer eines Chirurgen!«

Mit diesen lichtvollen Ausführungen ausgestattet verabschiedete sich die Dame nun von uns und rang Alexander – bevor sie ging – noch das feierliche Versprechen ab, beim nächsten Mal von ihm eine unterzeichnete Autogrammkarte zu bekommen …

»... aber die blonde charmante Dame muss dann unbedingt mit auf das Foto!«.

Wird gemacht … !

»Kummerkasten« Rita auf Gleis 11 Abschnitt C

Ab dem Jahr 2014 suchte ich eine neue berufliche Herausforderung. Ich war ja im März 2008 wegen meiner damals schon 83-jährigen Mutter von Brüssel nach Bremen zurückgekehrt, um ihr als einzige Tochter optimal zur Seite stehen zu können.

Wie Sie aus meinen Aufzeichnungen ersehen konnten, hatten wir eine unglaublich tolle Mutter-Tochter-Beziehung und waren absolut beste Freundinnen! Insofern war diese Entscheidung reine Herzenssache!

Als ich 2008 für sie nach Bremen zurückkehrte, ergatterte ich sehr schnell einen Job, bekam aber gleichzeitig einen beruflichen Kulturschock: Während in den international tätigen Kanzleien in Brüssel die Sekretärinnen auch entsprechend gepflegt gekleidet waren, sahen die Frauen in dieser Kanzlei in Bremen aus, als würden sie schnell zum nächsten Bäcker gehen, um sich die morgendliche Frühstücksration zu holen. Fast alle hatten eine Miene aufgesetzt, als ob sie erst kürzlich eine Essigquelle entdeckt hätten und meine fröhlichen Morgengrüße stießen auch nicht auf fruchtbaren Boden ... Hilfe, wo war ich denn hier gelandet?

Rundumfrust statt Arbeitslust und Neid waren die dominierenden Begleiterscheinungen, denen ich mich jetzt täglich ausgesetzt sah. Hier kam mir mein gerüttelt Maß an Humor und Optimismus aber mal wieder zugute!

Während man in Brüssel als Sekretärin wirklich die rechte Hand des jeweiligen Vorgesetzten war, wurde man hier zu einer »Tippse« degradiert und auch so behandelt. Sechs Jahre lang hielt ich diesen Job durch und konnte die täglichen Negativ-Impressionen nur durch die amüsanten

Abende und Wochenenden mit ganz tollen Freunden und dem sich noch steigernden Humor meiner Mutter kompensieren! Sie lief – um mir das Ganze irgendwie doch erträglich zu machen – zur Höchstform auf. Fragte sie z.B. über Telefonbanking ihren Kontostand mit einem PIN ab, sagte sie bei dem geforderten Stichwort »Umsätze« stattdessen: »Miniumsätze«.

So wurde das natürlich nichts, aber es ging ja noch weiter: Hatte sie dann bei vorheriger Nennung des richtigen Stichwortes ihren Kontostand erfragt, antwortete sie auf die Frage der Computerstimme »Was kann ich noch für Sie tun«?: »Pack mal was auf mein Konto – danke!«

Im Sommer 2013 starb sie im gesegneten Alter von fast 89 Jahren. Als ich so langsam, aber sicher wieder zu Kräften kam, beschloss ich Anfang 2014, beruflich neue Wege zu beschreiten, denn nun war ich ja nicht mehr unbedingt an Bremen gebunden.

Da Hamburg meine Heimatstadt ist, lag es für mich nahe, es dort einmal zu versuchen. Wenn ich das halbjährliche »Schaulaufen der Meister«, auch Probezeit genannt, überstanden hatte, könnte man sich ja nach einer geeigneten Wohnung in Hamburg umsehen!

Ich bewarb mich in verschiedenen Kanzleien und hatte eine große Trefferquote, was die Einladungen zu Bewerbungsgesprächen anbelangte. Im April 2014 entschied sich dann eine Kanzlei in der Hafencity für mich und so begann ich dort mit viel Idealismus am 2.6.2014.

Was mich dort erwartete, hätte man im Ohnesorg-Theater nicht besser aufführen können: Die Büroleiterin war 60 Jahre alt, eine knorrige Frau mit einem ausgeprägten verbiesterten Gesichtsausdruck und dementsprechend frostig fiel denn auch mein Empfang dort aus.

»Na, Sie sind uns ja hier mit großen Vorschusslorbeeren angekündigt worden, mal sehen, ob da auch etwas hinter ist.«

Bangemachen gilt nicht, vielleicht hatte sie nur einen schlechten Tag ...

Ich dachte noch mit meinem ungebremsten Optimismus: Ach, die anderen hier sind alle so nett, solange ich mit der vertrockneten Frustschnecke nicht in einem Büro sitzen muss, ist mir das relativ egal …

BINGO – ich sollte mit ihr in ein Büro ziehen und sie sollte mich in das Officemanagement einweisen!

Das tat sie natürlich nicht, sondern ignorierte mich. Die Stimmung in unserem gemeinsamen Büro war 5 Grad wärmer als Speiseeis, der Aufgabenbereich so dürftig, dass ich viel, viel Zeit hatte, auf die halbfertige Elbphilharmonie zu starren und die Pendelei machte mich völlig fertig – so viel fremdbestimmte Zeit und für was? Für einen langweiligen Job und eine feindselige »Kollegin« im Zimmer – nein danke!

Bereits Ende Juni 2014 war ich so verzweifelt über die ganze Situation, dass ich eines Abends mit Wuttränen am Hamburger Hauptbahnhof ankam.

Die Frisur saß natürlich nicht mehr, der Eyeliner war von den Tränen verwischt, ich hatte – ganz unfreiwillig – »Smokey Eyes«, aber vom Allerfeinsten und fühlte mich so matt und desillusioniert wie noch niemals zuvor.

Durch die Fußball-WM 2014 fuhr der Zug, den ich noch hätte bekommen können, auch fast eine halbe Stunde später, auf dem Bahnhof war sowieso die Hölle los und ich war mit den Nerven fix und fertig.

Da fiel mir eine dunkelhaarige, schlanke gepflegte Dame von ca. Anfang 50 auf, die auch ein wenig befremdet auf die Anzeigentafel schaute. Ich sprach sie an, ob sie auch auf den Metronom wartete. Sie bejahte und fing dann eine Konversation mit mir an.

Es stellte sich heraus, dass sie in dem selben Stadtteil wohnt wie ich, wir dieselben Leute kennen und in dieselben Lokale gehen!

Ich erzählte ihr dann von meinem beruflichen Desaster, aber auch von meinem Entschluss »den ganzen Mist so schnell wie möglich zu beenden und morgen um die Kündigung zu bitten«.

Ich redete fast eine Viertelstunde ohne Punkt und Komma und Rita, meine neue Bekanntschaft, nickte überaus tapfer an den passenden Stellen und kam aus dem Wundern gar nicht mehr heraus!

Ach, das war ja so befreiend und nur zu gerne hätten wir uns auf meinen weisen Entschluss hin ein gepflegtes Glas Prosecco gegönnt, aber an jenem Abend musste man ja schon dankbar sein, wenn die Bahn einem erlaubte, vor 20:30 Uhr das Zuhause betreten zu können!

Die Rückfahrt nach Bremen mit Rita verging im Nu und am Bremer Hauptbahnhof tauschten wir unsere Handynummern aus.

Wer hätte gedacht, dass dieser schreckliche Tag mit so einer angenehmen abendlichen Begegnung und einem so beherzten Entschluss enden würde? Obwohl: Rita hätte am Morgen sicherlich auch nicht gedacht, dass sie von einer Minute zur anderen zur »privaten Bahnhofsmission« avancieren würde und sich meine »Hafencity-Litanei« anhören musste!

Tja, und auch Monate nach dem Hamburg-Desaster sind wir in bestem Kontakt und haben gerade vorige Woche einen äußerst amüsanten Abend in unserem Lieblingslokal verbracht!

Dieses Mal hatte Rita – natürlich auch ganz unfreiwillig – »Smokey Eyes«, da sie weinte – aber vor Lachen über meine amüsanten Berichte!

Ich hingegen war – im Gegensatz zu unserer ersten Begegnung in Hamburg – absolut tränenfrei, bestens aufgelegt und – das ist ja schließlich auch nicht ganz unwichtig:

Die Frisur saß wie eine Eins – und zwar bis heute!

Heiligabend 2014 bei Henriette

Eigentlich wollte ich das Buch ja mit dem Kapitel »Sondereinsatz in Hamburg« abschließen, denn normalerweise konnte ja in den letzten paar Wochen des Jahres so viel Amüsantes nicht mehr passieren – das war kühn gedacht und weit gefehlt!

Ich hatte im September 2014 an der Bushaltestelle in der Nähe meiner Wohnung eine 93-jährige Dame namens Henriette kennengelernt. Es fand gerade eine Befragung von Fahrgästen durch die Bremer Straßenbahn-AG statt und sie erwähnte mir gegenüber: »Ach, meine Güte, ich bin 93 Jahre alt, ich habe gar keine Lust, diese Fragen zu beantworten. Ist das ein Unsinn.«

Ich hätte nie gedacht, dass diese Dame 93 Jahre alt war, sie hatte sich toll gehalten, obwohl ihre Sehfähigkeit – wie sie mir erzählte – fast ganz erloschen war und sie außerdem »jeden Morgen nach dem Aufstehen erst einmal ihre Knochen neu sortieren müsse ... – Altwerden ist wirklich manchmal eine Strafe. Aber, der liebe Gott will mich wohl noch nicht haben, der hat wohl Angst, ich stifte da oben zu viel Unruhe!«

Für mich war sie eine starke Persönlichkeit, strahlte eine ungeheure Würde aus und vor allen Dingen die geistige Klarheit war bewundernswert!

Zwei Tage später sahen wir uns durch Zufall wieder – diesmal im Bus – und kamen erneut ins Gespräch. Sie lud mich dann zu sich zum Kaffee ein.

Bei unseren Kaffeenachmittagen stellte sich schnell heraus, dass Henriette einen herrlichen Humor hatte, kein Blatt vor den Mund nahm und ihr sozusagen nichts fremd war. Sie berichtete mir fröhlich von amourösen Abenteuern während ihrer aktiven Berufszeit, ihr Spitzname war »die wilde Henriette«, von ihrer Meinung über Männer (»meine Güte, die Männer werden heute immer weiblicher, die kommen einfach nicht damit zurecht, dass die Frauen auf dem Vormarsch sind«) und sie war äußerst trinkfest. Also, da konnte ich – was das Trinken betraf – absolut nicht mithalten …

Sie erzählte mir, dass sie früher sämtliche Kollegen und Vorgesetzten in der Bank ohne Mühe unter den Tisch getrunken hätte!

So manchen Bankdirektor oder Filialleiter hätte sie nach sehr feuchtfröhlichen Betriebsfeiern per gekonntem Hebelgriff in die Taxe nach Hause setzen müssen!

Anfang Dezember übermittelte sie mir dann die Einladung zum Gansessen bei ihr zum Heiligabend und: Alexander, den sie mittlerweile zwei Mal mit mir in der Stadt getroffen hatte, sollte auch mitkommen, denn die Gans wäre für vier Personen! Henriette rechnete ganz schlau: Alexander aß wie ein Spatz, sie konnte nicht mehr ganz so viel essen und ich konnte für zwei essen – da ist eine Gans für vier Personen gerade richtig!

Alexander stöhnte erst einmal auf, als ich ihm die Einladung übermittelte. Er hatte noch genug von einer Einladung vor zwei Jahren bei einer 79-jährigen Kaffeehausbesitzerin. Beim Betreten ihres Hauses zeigte sie ihm noch vor der ersten Tasse Kaffee ihr Schlafzimmer – das ist ja eigentlich nichts Besonderes, es sei denn, man garniert das mit den Worten: »Sie können gerne mal bei mir übernachten, denn bei mir ist es auch im Sommer schön kühl und sicherlich viel angenehmer als bei Ihnen in der Wohnung mitten im Stadtzentrum. Ich bin da ganz offen und wir sind ja schließlich erwachsen!«

Alexander beruhigte sich allerdings selber: »Na, die Henriette ist ja schon 93 Jahre alt, die wird mir wohl nicht gleich ihr Schlafzimmer zeigen oder mich gar zum Übernachten auffordern!«

Ach, lieber Alexander, du und deine lebhafte Fantasie, du bist hier bei einer Dame biblischen Alters eingeladen, da wird außer Essen, Trinken und evtl. Schwanks aus ihrem Leben sicher nichts Spektakuläres passieren!

So trafen wir verabredungsgemäß am Heiligabend 2014 um 17:30 Uhr bei Henriette ein. Henriette öffnete uns erfreut die Tür und war ganz in schwarz-weiß gekleidet, aber das Auffälligste: Sie hatte auch noch eine schwarz-weiß gestreifte Schürze um, auf der oben in Brusthöhe eine fünfköpfige Gänsefamilie lang schritt. Irgendwie erinnerte mich ihr Erscheinungsbild an das »Erste Hausmädchen« beim vornehmen Eaton Place.

Es war alles generalstabsmäßig vorbereitet, links der Tisch, an dem wir die Gans verspeisen sollten, rechts der Tisch, an dem wir anschließend den Kaffee einnehmen konnten.

Alexander hatte kaum den Mantel ausgezogen, da zog Henriette ihn zielgerichtet am Ärmel über den Flur: So, mein lieber Alexander, ich führe dich jetzt mal durch die Wohnung, damit du einen Überblick bekommst. Also, hier ist das Schlafzimmer, sehr großzügig, oder? Oben auf dem Boden habe ich noch ein Zimmer für Übernachtungsgäste.

Wenn du mal wieder hierher kommst und es sehr spät wird, dann kannst du gerne oben übernachten, ich habe kein Problem damit!«

Wir waren beide überzeugt, dass Henriette sich nichts dabei gedacht hatte, aber irgendwie mussten wir angesichts der Duplizität der Ereignisse doch schmunzeln.

»Mensch, Henriette, jetzt bin ich schon seit 21 Jahren mit Andrea befreundet, aber die hat mir noch nie ihr Schlafzimmer gezeigt und bei ihr zu übernachten hat die mir schon gar nicht angeboten. Und du kommst gleich zum entscheidenden Punkt, das lobe ich mir!«

Als Henriette unsere Hilfe beim Zerkleinern der Gans benötigte, standen Alexander und ich wie die »Festtagsdeppen« in der Küche, denn wir hatten von derlei Dingen zweierlei im Übermaß: keine Ahnung und überhaupt kein Geschick. Da standen nun sozusagen vier linke Hände in der Küche nach dem Motto: Wir wissen zwar nicht, wo es jetzt gerade langgeht, aber wir werden uns damit beeilen!

Ach, liebe Henriette, verzeih uns, dafür haben wir beide das Herz auf dem rechten Fleck!

Wir genossen das gemeinsame Festessen und nach dem Dessert meinte Henriette: »So, jetzt müssten wir eigentlich ein Schnäpschen trinken! Wenn Andrea nicht möchte, dann trinke ich den eben mit dir, Alexander! Und: Wie gesagt: Wenn du merkst, dass sich plötzlich alles dreht: Oben ist ja das Zimmer! Wenn du was brauchst, dann kannst du klingeln, das höre ich hier unten!«

Es war ein amüsantes Bild, wie die beiden immer wieder miteinander anstießen, Alexander langsam rote Wangen bekam und die Wirkung des Schnapses sichtbar wurde, während Henriette hingegen unverändert wie eine Zarin am Tischende saß und sich auch ihr Sprachvermögen nicht veränderte. Alle Achtung, da konnte man sich bestens ausmalen, in welcher Hochform sie vor 20 Jahren unterwegs gewesen war!

Nach dem Abend telefonierten Alexander und ich noch einmal miteinander.

Da man ja – gerade kurz vor dem Jahresende – dazu

neigt, eine »Bilanz« zu ziehen, zog ich selbige bezüglich des Abends, allerdings führte sie am anderen Ende der Leitung nicht zu Begeisterungsstürmen: »Deine Trinkfestigkeit hat gegenüber den Vorjahren stark abgenommen, denn früher hätten dich ein paar Schnäpschen gar nicht tangieren können. Da wärst du erst so richtig in Stimmung gekommen und hättest begonnen, mit »geölter« Stimme deine Arien zu singen! Deine positive und auch vertrauensvolle Wirkung auf Frauen ist zwar ungebrochen – aber: Das Alter deiner »Zielgruppe« hat ja rasant zugenommen! Wir müssen mal eruieren, wie das kommt … Aber heute Abend nicht mehr! Schlaf gut und nochmal:

Fröhliche Weihnachten, Du überaus begnadeter Seniorinnentröster!

Nachlese

Liebe Leserinnen und Leser,

ich hoffe, Sie haben viele Male schmunzeln können. Sie sehen: Der »norddeutsche« Humor war überall dominierend, egal, ob in der französischen Schweiz, ob in Europas Hauptstadt Brüssel oder in Bremen.

Ich bin sehr dankbar, dass ich meiner Mutter mit diesem Buch sozusagen ein liebevolles »Denkmal« setzen und zugleich Sie lebensbejahend unterhalten konnte! Es sind letztlich ja die vielen kleinen Dinge und Begebenheiten, die das Leben – trotz mancher Unwägbarkeiten« – so liebenswert machen!

Bewahren Sie sich Optimismus und Humor!

Andrea Martens